AF522084

प्रेरित करने के मिशन पर अग्रसर

सोनू शर्मा

इनविन्सेबल पब्लिशर्स

कॉपीराइट पृष्ठ

भारत में वर्ष 2019 को सबसे पहली बार प्रकाशित

© 2019 । सर्वाधिकार सुरक्षित

ISBN: 978-93-88333-63-4

इस प्रकाशन का कोई भी भाग पुर्नप्राप्ति प्रणाली के अंतर्गत न तो पुन:उत्पन्न किया जा सकता है,न ही संग्रहित किया जा सकता है या यह किसी भी रूप में या किसी भी माध्यम जैसे इलेक्ट्रॉनिक, मैकेनिकल, फोटोकॉपी, रिकॉर्डिंग या प्रकाशक की अनुमति के बिना किसी भी माध्यम में प्रेषित नहीं किया जा सकता है।

इस पुस्तक के पाठक इस पुस्तक में दी गई जानकारी के संबंध में उसके इस्तेमाल की जिम्मेदारी मानते हैं। इस प्रकाशन के लेखक एवं पब्लिशर पाठकों की ओर से किसी भी प्रकार की कोई जिम्मेदारी या उत्तरदायित्व नहीं मानते हैं। हालांकि जानकारी को सत्यापित करने के लिए कोशिशें की गई हैं,सही सूचनाएं दी गई हैं, न तो प्रकाशक न ही लेखक किसी प्रकार की कोई गलती,त्रुटिपूर्णता या चूक के लिए कोई वारंटी लेते हैं।

इनविन्सेबल पब्लिशर्स

201A, SAS Tower, Sector 38, Gurgaon-122003

अनुवादक: चांदनी माथुर

किताब के बारे में

मैंने सबसे मूल्यवान प्रेरणादायक कहानियाँ ढूंढ कर इकट्ठी की हैं ताकि जीवन में कामयाबी हासिल कर सकूँ| जल्दबाज़ी ना करें! सोचें, शायद कामयाबी और आपके बीच की दूरी सिर्फ एक नज़रिए की हो| यह किताब आपको आपकी रचनात्मकता और आपके अंदरूनी गुणों से एक बार फिर मिलवाने में मदद करेगी|

केवल चंद मिनट दीजिये इन महान लघु प्रेरणादायक कहानियों को जो ध्यानपूर्वक आपके लिए संग्रहित की गई हैं, ताकि आप इनसे ज्यादा से ज्यादा कामयाबी हासिल कर सकें, और साथ ही आप इनसे कोई सबक सीख सकते हैं और जीवनभर के लिए एक याद बना सकते हैं| केवल यह लघु कहानियाँ ही नहीं हैं, यह कहनियाँ आपके जीवन में एक परम निशान बना सकती हैं... मैं उन सभी का आभारी हूँ जिन्होंने यह कहानियाँ बनाईं और यह योगदान दिया जिससे आने वाली पीढ़ियों को सही दिशा दिखा सकें| मैं उम्मीद करता हूँ इनसे आप बहुत कुछ सीखेंगे...

सोनू शर्मा

अभिस्वीकृति

मैं उन सभी लोगों का आभार व्यक्त करना चाहूँगा जिन्होंने इस किताब के दौरान मेरा साथ दिया; जो मेरे सहयोगी बने, मुझसे बात की, पढ़ा, लिखा और अपनी राय दी|

मैं अपने गुरूजी का इस किताब के बनने के लिए उनके अप्रतिबंधित आशीर्वाद और प्यार के लिए शुर्किया अदा करना चाहता हूँ| सबसे पहले मैं अपने परिवार का शुक्रिया करना चाहता हूँ, जिन्होंने मेरे साथ उनके समय पर कटौती होने के बावजूद मेरा साथ दिया और मुझे प्रोत्साहित किया| यह उनके लिए एक लम्बा व कठिन समय था|

मैं श्री संतोष चंद्राकर (अध्यक्ष, नासविज़ रिटेलज़) का धन्यवाद करता हूँ कि उन्होंने मुझे कहानियाँ चुनने में सहायता की| मेरे प्रकाशक, इनविंसिबल पब्लिशर्स का भी मुझे प्रोत्साहित करने के लिए शुक्रिया| कई कहानियाँ अलग-अलग संग्रहों से इकट्ठी की गई है, जैसे की अखबार, पत्रिकाएं, अन्य वक्ता, और 17 सालों

के सेमिनारों के दौरान मिले सहभागी; इसलिए सबका शुक्रिया अदा करना थोड़ा मुश्किल है|

आखिर में मगर तहेदिल से मैं उन सबसे माफ़ी मांगता हूँ जो इतने सालों से मेरे साथ हैं मगर जिनके नाम मैं ले नहीं पाया|

विषय सूची

खुश रहिये

हम सब जानते हैं कि पैसे से ख़ुशी नहीं खरीदी जा सकती...मगर अक्सर हम ऐसे बर्ताव करते हैं कि अगर हमारे पास थोडा और पैसा होता तो हम ज्यादा खुश होते|

अमीर बनने की चाह हमारे अन्दर पैदा की जाती है (जबकि हम जानते हैं कि अमीर भी खुश नहीं हैं) ...

हमे ट्रेन किया जाता है उस आधुनिक गैजेट को पाने की चाह रखने के लिए या टीवी पर दिखाए उस नए स्टाइल को अपनाने के लिए...

हम ज्यादा कमाना चाहते हैं ताकि हम एक बेहतर ज़िन्दगी जी सकें|

मगर इस सब से हमे ख़ुशी नहीं मिल सकती| चाहे हम जितना कमा लें| चाहे हमारे बैंक में कितने ही पैसे आ जाएँ|

चाहे हमारे कपड़े, कार या खिलौने कितने ही अच्छे हो जाएँ, ये सब हमे ख़ुशी नहीं दे सकते|

मगर दुखद है कि इस बात की समझ आने से पहले हम कई दशक पैसा और शान-ओ-शौकत कमाने में लगा चुके होंगे|

तो हमे ख़ुशी कैसे मिलेगी? किस्मत अच्छी है कि इसके लिए जिन तीन चीज़ों की ज़रूरत है उनमे कोई खर्चा नहीं है|

रिसर्च के अनुसार ये तीन चीज़ें स्थापित हुई हैं - सैंकड़ों लोगों से पूछने के बाद कि उनके पास क्या है, उनकी जिंदगियां कैसी हैं, और वो कितने खुश हैं|

तो ये हैं, "खुश रहने के तीन राज़":

1. अच्छे रिश्ते: इंसानी तौर पर दूसरों के पास रहना हम सब की ज़रूरत है, नज़दीकी, दुसरे इंसानों से|

अच्छे, मददगार दोस्त, एक सशक्त शादी और अपने घरवालों के साथ करीबी, प्यारभरे सम्बन्ध हमे खुश रहने के ज़्यादा करीब लाते हैं|

कदम बढ़ाएं:

आज ही, वक्त निकालें, अपनों के साथ बिताने के लिए, उन्हें बताने के लिए कि वे आपके लिए क्या हैं, उनकी सुनने के लिए, और उनके साथ अपना रिश्ता मज़बूत करने के लिए|

सकारात्मक सोच:

मैं निश्चित ही सकारात्मक सोच का अपने लक्ष्य को पाने का बेहतरीन तरीका मानने का बड़ा प्रवक्ता हूँ, मगर यह ख़ुशी पाने का भी एक बेहतरीन तरीका है|

आशावाद और आत्मसम्मान खुश रहने वाले लोगों के सबसे बड़े सूचक हैं|

ख़ुश लोग सशक्त और अपनी ज़िन्दगी की बागडोर बेहतर संभाले हुए होते हैं और ज़िन्दगी की ओर उनका एक आशावादी दृष्टिकोण होता है|

कदम बढ़ाएं:

सकारात्मक सोच को आदत बनाएं| बल्कि इसे अपनी सबसे पहली आदत बनाएं|

हर बुरे ख्याल को दबा कर उसे अच्छे ख्याल से बदल देने की आदत डालें|

"मुझसे नहीं होगा" की जगह "मुझसे होगा" सोचें| सुनने में यह शायद थोड़ा बड़बोला लगे, मगर मेरे लिए यह हर बार काम करता है|

बहाव:

यह आजकल इन्टरनेट पर एक चलन है - वह स्थिति जिसमे हम प्रवेश करते हैं जब हम किसी काम में पूरी तरह से डूबे होते हैं।

हम अपने काम में इतना डूबे होते हैं कि हमे समय का पता ही नहीं चलता।

काम या आराम जो भी हमे इस बहाव की स्थिति में ले आए, हमे निश्चित ही ख़ुशी देगा।

लोगों को तब सबसे ज्यादा ख़ुशी नहीं मिलती जब वे खाली दिमाग होते हैं, बल्कि तब होती है जब उनके पास दिमाग लगाने लायक कोई चुनौती होती है।

कदम बढ़ाएं:

ऐसे काम ढूंढें जिनके लिए आपमें जोश हो। यह सबसे ज़रूरी कदम है।

ऐसे शौक ढूंढें जिनके लिए आपके मन में उत्साह हो।

टीवी बंद करें - यह बहाव के उलटे जाना है - बाहर निकलें और कुछ ऐसा करें जिसमे आप सचमुच हिस्सेदार हों।

आपको खुश रहने के तीन राज़ बताये गए हैं| इन्हें ज़ाया ना करें!

इनका अनुसरण करें और प्रेरित रहें...

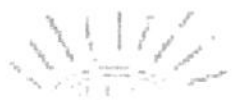

ज़िम्मेदारियाँ

एक बार जो. ई. ब्राउन, नामी अभिनेता व हास्य-अभिनेता सैनिकों के एक बड़े ग्रुप को संबोधित कर रहे थे| जब भी वह ख़त्म करना चाहते, सैनिक शोर मचा कर उन्हें कार्यकर्म बढ़ाने को कहते| फिर एक ने कहा "जो, कुछ गन्दी कहानियाँ सुनाओ"| सन्नाटा इतना गहरा छाया कि सुई गिरने की आवाज़ भी सुनाई दे जाती| सब लड़के जो को देख रहे थे| जो एक मिनट रुके और फिर ये भूल कर कि वह यहाँ लोगों का मनोरंजन करने के लिए हैं, उनसे अपने बेटों की तरह बोले:

"सुनो, बच्चों| मैं दस साल का था जब से स्टेज पर हूँ| मैंने हर तरह के लोगों को हर तरह के जोक सुनाए हैं मगर मुझे गर्व है कि इस पूरे समय में मुझे लोगों को हंसाने के लिए कभी गंदे जोक नहीं सुनाने पड़े| मुझे भी कुछ गन्दी कहानियाँ पता हैं, बच्चों; मैंने अपनी ज़िन्दगी में ऐसी बहुत सी कहानियाँ सुनी हैं| मगर मैंने शुरू से एक नियम बना रखा है कि मैं ऐसी कोई कहानी नहीं सुनाऊंगा जो मैं नहीं चाहता कि मेरी माँ मुझे सुनाते हुए सुने|"

उनका ये वाक्य ख़त्म होने पर तालियों की इतनी बड़ी गडगडाहट गूंजी जैसी उन्होंने पहले कभी नहीं सुनी थी| कई मिनटों तक वे लोग चिल्लाते और तालियाँ बजाते रहे, इनमे वह लड़का भी था जिसने गन्दी कहानी सुनाने की फ़रमाइश की थी| मगर किस्सा यहीं खत्म नहीं हुआ| लड़कों ने यह बात अपने घर लिख कर अपने अभिभावकों को बताई, और उन्होंने अपना शुक्रिया अदा करते हुए जो को लिखा| किसी ने लिखा: “आपने जो मेरे बेटे के लिए किया उसके लिए मैं हर रात प्रार्थना करूँगी|”

जुड़ते पुल

एक बार दो भाई जो पास-पास दो खेतों में रहते थे, में झगड़ा हो गया| पिछले 40 सालों से बिना किसी अनबन के पास-पास खेती करते हुए, मशीनें साझा करते हुए, मज़दूर बाँटते और प्यार से रहते हुए, ये पहली बार था कि इतना झगड़ा हो गया था|

और सालों का रिश्ता बिखर गया| बात एक ज़रा सी ग़लतफहमी से शुरू हुई और इतनी बड़ी हो गई कि दोनों ने एक दुसरे को बहुत भला-बुरा कहा और हफ़्तों तक बात नहीं की|

एक दिन जॉन के दरवाज़े पर एक दस्तक हुई| उसने दरवाज़ा खोला तो सामने बढई का सामान लिए एक आदमी खड़ा था| उसने कहा, "मैं कुछ दिनों के लिए काम ढूंढ रहा हूँ|"

"शायद आपके पास मेरे करने लायक कोई छोटा-मोटा काम हो| क्या मैं आपकी कोई मदद कर सकता हूँ?"

"हाँ," बड़े भाई ने कहा| "काम तो है तुम्हारे लिए| नाले के उस पार वो खेत देखो| वो मेरा पड़ोसी है, बल्कि, मेरा छोटा भाई है| पिछले हफ्ते तक हम दोनों के बीच में एक चारागाह था पर

इसने अपना बुलडोज़र लेकर नदी से यहाँ तक हम दोनों के बीच में ये नाला बना दिया| उसने ये मुझे चिढ़ाने के लिए किया होगा, मगर अब मैं इसे बताऊंगा| वहाँ कोठर में पड़ी लकड़ी देख रहे हो? मैं चाहता हूँ तुम मुझे एक बाड़–8 इंच ऊंची बाड़ बना के दे दो–ताकि मुझे उसकी जगह देखनी ही नहीं पड़े| कुछ भी, जिससे वो शांत हो जाए|"

बढ़ई ने कहा, "लगता है मैं माजरा समझ रहा हूँ| मुझे कीलें और जगह बताएं जहाँ बाड़ लगानी है और मैं आपकी पसंद का काम कर के दे दूंगा|"

बड़े भाई को कुछ सामान लाने के लिए बाज़ार जाना था तो उसने बढई को उसकी ज़रूरत का सामान दिया और दिन भर के लिए निकल गया|

बढई ने दिनभर मेहनत से नाप कर, लकड़ी चीर कर, कीलें लगा कर काम किया|

शाम ढले जब किसान वापस लौटा, तब बढ़ई ने बस अपना काम खत्म किया ही था| उसकी आँखें खुली की खुली रह गईं और उसका मुंह खुला का खुला|

वहाँ कोई बाड़ नहीं थी| वहाँ एक पुल था... नाले के इस पार से उस पार तक! काम बहुत सुन्दर था, हत्थे वगेरह के साथ- और

उसका पड़ोसी, उसका छोटा भाई, उस पार से बाहें फैलाये उसके पास आ रहा था|

“तुम भी कमाल के हो| इतना सब मेरे कहने सुनाने के बाद भी तुमने ये पुल बनवा दिया|”

दोनों भाई पुल के दोनों किनारों से चल के पुल के बीच में मिले और एक दूसरे के हाथ थाम लिए| पलट के देखा तो बढ़ई अपने कन्धों पर अपना सामान ले कर निकल रहा था| “नहीं, रुको! कुछ दिन और रुक जाओ| तुम्हारे लिए मेरे पास और काम है,” बड़े भाई ने कहा|

“मैं ख़ुशी से रुकना चाहता,” बढई ने कहा, “मगर अभी मुझे और कई पुल बनाने हैं|”

जुनून

आठ साल की उम्र में, उस छोटे से बच्चे को लगा कि उच्च विद्यालय का डिप्लोमा ले लेना अच्छा रहेगा|

12 साल का जब वह था, वह अपने परिवार के साथ समुद्र किनारे बैठा मछली पकड़ने की तैयारी कर रहा था - वो रस्सियों का एक जाल बिछा रहा था जिससे बहुत सारी मछलियाँ हुक में फँस जाएँ| शाम तक, उसकी मछली पकड़ने की रस्सी में पूरे परिवार से ज़्यादा मछलियाँ थीं|

17 का जब वह था, उसे अखबार के सब्सक्रिप्शन बेचने की नौकरी मिली| उसे लगा नवविवाहित जोड़े इस काम के लिए सबसे उपयुक्त रहेंगे| उसने अपने दोस्तों को इस काम पर रखा कि वे उसे उन दंपत्तियों के नाम और पते लाकर दें जिन्हें हाल ही में शादीशुदा होने का लाइसेंस मिला हो| उसने उन सब को 2 हफ़्तों का सब्सक्रिप्शन मुफ्त देते हुए पत्र लिखे| उसने इससे $18000 कमाए और एक महंगी बी एम् डब्ल्यू कार खरीदी|

19 साल की उम्र में, उसने कंप्यूटर खरीदना शुरू किया और उन्हें बेहतर बनाने लगा| उसने ग्राहकों की ज़रुरतानुसार कंप्यूटर बनाये और अपने कमरे को ही फैक्ट्री बना कर वहाँ से उन्हें बेचने लगा| वह कॉलेज में था मगर पढाई में उसका मन नहीं लगता था| उसे कंप्यूटर बेचने का जुनून था|

"आखिर तुम करना क्या चाहते हो?" उसके पिताजी ने पूछा|

"आई बी एम् से मुकाबला" उसने सीधा सा जवाब दे दिया|

उसके जुनून का नतीजा निकला मई 3, 1984 को डेल कंप्यूटर कारपोरेशन के रूप में| वह मात्र 19 साल का था|

यह आदमी था माइकल डेल, एक जुनूनी रचनात्मक व्यापारी होने की अनूठी मिसाल|

गाजर, अंडे और कॉफ़ी

एक गाजर, एक अंडा और एक कप कॉफ़ी ऐसा क्या सिखा सकते हैं एक लड़की को जो परेशानियों और टूटे दिल से जूझती हुई अब थक चुकी है? पढ़ें और देखें इस लड़की को अपनी माँ से क्या सीख मिली|

एक लड़की अपनी माँ के पास गई और उन्हें बताया कि कैसे ज़िन्दगी उसके लिए मुश्किलों से भरी हुई है| वह नहीं जानती थी कि वह इससे पार कैसे निकलेगी और वह हार मान लेना चाहती थी| वो लड़कर और जूझकर अब थक चुकी थी| लगता था मानो एक मुश्किल ख़त्म होती है तो दूसरी आ जाती है|

उसकी माँ उसे बिना कुछ कहे रसोईघर में ले गईं| लगभग बीस मिनट बाद उन्होंने सारे चूल्हे बंद कर दिए| उन्होंने गाजर निकली और उन्हें एक बर्तन में रख दिया| अंडे निकाले और उन्हें भी एक बर्तन में रख दिया| फिर कॉफ़ी निकाली और एक चम्मचभर निकाल कर एक बर्तन में रख दी| बेटी को देखते हुए, उन्होंने कहा, “बताओ तुम्हे क्या दिखता है?”

लड़की ने कहा, “गाजर, अंडे और कॉफ़ी”|

माँ ने उसे पास बुलाया और गाजर को छू कर देखने को कहा| लड़की ने देखा, गाजर नर्म थी| माँ ने तब उसे कहा कि एक अंडा ले और उसे तोड़ दे| लड़की ने छिल्का निकाला तो देखा अंडा उबला हुआ था| आखिरकार, माँ ने बेटी से कॉफ़ी का एक घूँट पीने को कहा| उसने पिया तो कॉफ़ी की खुशबु से उसके चेहरे पर मुस्कान खिल गई| उसने पूछा, “इस सबका क्या मतलब है, माँ?”

माँ ने तब बताया कि इन तीनों चीज़ों ने भी उसके जैसी ही तकलीफ झेली: उबलता पानी| पर हर किसी ने अलग-अलग बर्ताव किया| गाजर कड़क, मज़बूत और बिना झुके गई थी| मगर गरम पानी से होकर नर्म और कमज़ोर बन कर निकली|

अंडा कमज़ोर था| उसके पतले बाहरी छिलके ने उसके अन्दर के द्रव्य को बचा रखा था, मगर जब गर्म पानी में रहा तो अन्दर से सख्त बन कर निकला|

मगर सबसे अनोखे थे ये पिसे हुए कॉफ़ी के दाने| ये जब उबलते पानी में पड़े, इन्होने पानी को ही बदल दिया| “तुम क्या हो?” उसने अपनी बेटी से पूछा|

जब परेशानियाँ तुम्हारा दरवाज़ा खटखटाती हैं, तब आप कैसे बर्ताव करते हैं? आप गाजर हैं, अंडा या कॉफ़ी?

सोचिये: आप क्या हैं?

क्या मैं एक गाजर हूँ जो दिखती तो मज़बूत है मगर दुःख और परेशानियों में कमज़ोर बन कर अपनी ताकत खो देती हूँ?

क्या मैं अंडा हूँ जो शुरू एक नाज़ुक दिल से हुआ, मगर गर्मी से बदलता गया| क्या मेरी आत्मा तरल है जो एक मौत, एक बार दिल टूटने से, एक बार की पैसों की तंगी से, या ऐसी ही कोई और परेशानी से वो ताकतवर और कड़क बन कर निकलती है? क्या मेरा बाहरी कवच वैसा ही दिखता है, मगर अन्दर से मैं कड़वी और कठोर आत्मा वाला और सख्त दिलवाला हूँ?

या कहीं मैं कॉफ़ी के बीजों जैसा हूँ? ये बीज गर्म पानी को ही बदल देते हैं, उस परिस्तिथि को जो उसे कष्ट दे रही है| जब पानी गर्म होता है, तो वो अच्छी खुशबु और रंगत देने लगता है|

अगर आप कॉफ़ी के बीजों जैसे हैं, तो जब चीज़ें सबसे ख़राब होती हैं तब बेहतर बन जाते हैं और उस परिस्तिथि को ही बदल लेते हैं| जब मुश्किल की घड़ी अपने अधिकतम पर हो और

परेशानियां अपने चरम पर तब क्या आप खुद को एक अलग खंड पर ले जाते हैं?

आप मुश्किल को कैसे सँभालते हैं?

क्या हैं आप–गाजर, अंडा या कॉफ़ी के बीज?

जिसने कभी पाप ना किया हो

एक आदमी ने एक बार कुछ खाना चुराया और राजा ने उसे फाँसी देने का हुक्म सुना दिय| जब उससे पूछा गया कि उसे कुछ कहना है तो चोर ने कहा, "ओ महाराज, मैं बस आपको यह बताना चाहता हूँ कि मैं सेब का एक बीज लगाऊंगा और रातभर में बड़ा होकर वह फल भी देने लग जायेगा| यह एक राज़ है जो मेरे पिताजी ने मुझे सिखाया था और मुझे बहुत दुःख होगा अगर ये राज़ मेरे साथ ही ख़त्म हो जायेगा|"

अगले दिन बीज लगाने का समय तय किया गया| चोर ने एक खड्डा खोदा और कहा, "ये बीज सिर्फ वही लगा सकता है जिसने जीवन में कभी कुछ चुराया ना हो, ना ही ऐसी कोई चीज़ ली हो जिसपर उसका हक़ ना हो| मैं तो चोर हूँ| मैं इसे नहीं लगा पाउँगा|"

राजा ने अपने प्रधानमंत्री से बीज लगाने को कहा मगर कुछ हिचकिचाहट के साथ उसने कहा, "महाराज, मुझे याद है, जब

मैं छोटा था तब मैंने एक चीज़ ऐसी रखी थी जो मेरी नहीं थी| मैं बीज नहीं लगा पाउँगा|"

जब कोषाध्यक्ष को बीज लगाने को कहा गया, उसने राजा से क्षमा मांगते हुए कहा कि ऐसा हो सकता है उसने किसी का पैसा चुराया हो| राजा का नंबर आया तो उन्हें याद आया कि उन्होंने अपने पिता की एक मूल्यवान वस्तु एक बार रख ली थी|

चोर ने उन सबको संबोधित करते हुए कहा, "आप सब इतने बड़े-बड़े दिग्गज लोग हैं| आपको किसी चीज़ की ज़रूरत नहीं है, मगर आप एक बीज नहीं लगा सके| मगर मैंने थोडा सा खाना चुराया तो मुझे फांसी की सज़ा दे दी|"

राजा ने उस आदमी की बुद्धि की तारीफ की और उसे माफ़ कर दिया|

अपने परिवार के साथ वक़्त बिताएं 

21 साल बाद एक आदमी अपनी माँ के साथ डेट पर जाने के अपने दिन के बारे में बता रहा था...शादी के 21 साल बाद मेरी पत्नी चाहती थी कि मैं किसी और औरत को खाने और फिल्म दिखाने बाहर ले जाऊँ| उसने कहा, "मैं तुम्हे बहुत प्यार करती हूँ, मगर मैं यह भी जानती हूँ कि यह दूसरी औरत तुम्हे बहुत प्यार करती हैं और तुम्हारे साथ ज़रूर कुछ वक़्त बिताना चाहेंगी|"

वो दूसरी औरत जिसके साथ मेरी पत्नी चाहती थी कि मैं वक़्त बिताऊँ वह मेरी माँ थी, जो पिछले 19 सालों से एक विधवा का जीवन जी रही थीं, मगर मेरे काम और तीन बच्चों की मांगों के चलते मैं कभी-कभी ही उनसे मिलने जा पाता था| उस रात मैंने उन्हें खाने और फिल्म देखने चलने का न्योता देने के लिए फ़ोन किया| उन्होंने पूछा, "क्या हो गया, तबियत ठीक है?"

मेरी माँ उन लोगों में से हैं जिन्हें लगता है कि देर रात किया गया फ़ोन या अचानक मिला न्योता बुरी ख़बर का अंदेशा हैं|

मैंने कहा, "मैंने सोचा आपके साथ कुछ समय बिताना अच्छा रहेगा|" "सिर्फ हम दोनों|" उन्होंने कुछ देर सोचा और कहा, "मुझे बहुत ख़ुशी होगी|"

उस शुक्रवार जब मैं काम के बाद उन्हें लेने जा रहा था मैं कुछ घबराया हुआ था| जब मैं उनके घर पहुंचा तो देखा वो भी हमारी डेट को लेकर कुछ शंका में थीं| वो दरवाज़े पर अपना कोट पहने खड़ी थीं| उन्होंने अपने बाल़ सुन्दर तरह से बनाये थे और अपनी शादी की पिछली सालगिरह पर जो ड्रेस पहनी थी, वह पहन रखी थी| जब वो मुझे देख मुस्कुरायीं तो लगा कोई फ़रिश्ता खड़ा है| कार में बैठते हुए उन्होंने कहा, "जब मैंने अपने दोस्तों को बताया कि मैं अपने बेटे के साथ बाहर जा रही हूँ, तो वे सुन कर बहुत खुश हुए| वो सब हमारी मीटिंग के बारे में जानने के लिए उत्सुक हैं|"

हम एक होटल में पहुंचे, जो बहुत आलिशान तो नहीं था मगर अच्छा था| मेरी माँ ने मेरा हाथ मेरी कोहनी से ऐसे थामा मानो वो देश की पहली महिला हो| बैठने के बाद मुझे मेनू पढ़ना था| उन्हें सिर्फ बड़ा-बड़ा ही दिखता था| पढ़ते-पढ़ते जब मैंने आँख उठा कर ऊपर देखा तो माँ मुझे ही देख रही थी| उनके होठों पर मुस्कान थी| "जब तुम छोटे थे तब मैं ऐसे तुम्हे मेनू पढ़ कर सुनाया करती थी," उन्होंने कहा| "तो फिर अब समय है कि

आप आराम से बैठो और मैं आपके लिए ये करूँ," मैंने जवाब दिया। खाने के दौरान हमने काफी बातें की–कुछ ख़ास नहीं बस एक दूसरे की ज़िन्दगी में क्या नया चल रहा है ये कहा सुना। हमने इतनी बातें कीं कि फिल्म ही छूट गई। बाद में जब मैं उन्हें घर छोड़ने गया तो उन्होंने कहा, "मैं तुम्हारे साथ फिर से बाहर चलूंगी बशर्ते तुम मुझे न्योता देने दो।" मैं मान गया।

"कैसी रही तुम्हारी डेट?" घर पहुँचने पर बीवी ने पूछा। "बहुत अच्छी। उम्मीद से कहीं बेहतर।" मैने बताया।

कुछ दिन बाद, मेरी माँ एक बड़े दिल के दौरे के साथ गुज़र गईं। सब कुछ इतनी जल्दी हो गया कि मैं उनके लिए कुछ कर भी नहीं पाया। कुछ दिन बाद मुझे एक लिफ़ाफ़ा मिला जिसमे क=जिस होटल में हमने खाना खाया था वहाँ की रसीद थी। साथ में एक नोट था जिसमे लिखा था: मैंने इसका बिल पहले ही भर दिया है। पता नहीं मैं वहाँ हो पाऊँगी या नहीं; मगर कोई बात नहीं, मैंने दो लोगों के पैसे भरे हैं–तुम्हारे और तुम्हारी पत्नी के। तुम नहीं समझ पाओगे वो रात मेरे लिए क्या मायने रखती है। मैं तुम्हे बहुत प्यार करती हूँ, बेटे।"

उस वक़्त मुझे एहसास हुआ की समय पर "मैं तुम्हे प्यार करता हूँ" कहना और अपनों को समय देना कितना ज़रूरी है।

जीवन में परिवार से बढ़के कुछ नहीं है।

उन्हें वो वक़्त दीजिये जिसपर उनका हक़ है,

क्योंकि ये वो चीज़ें हैं जो फिर कभी पर नहीं टाली जा सकतीं|

घमंडी चोर

आर्थर बैरी नाम का एक चोर था। वो हीरे-जवाहरात चुराता था। देश-विदेश में उसकी ख्याति थी कि उससे बेहतर कोई चोर कभी हुआ ही नहीं। वो सिर्फ एक कामयाब चोर नहीं था, उसके हाथ में कला थी। ये उसके सर इतना चढ़ गया था कि वो घमंडी हो गया था और यूँ ही हर किसी के यहाँ चोरी नहीं करता था। उसके 'प्रत्याशियों' के पास सिर्फ पैसा और जवाहरात होना ही ज़रूरी नहीं था बल्कि उनका नाम समाज के उच्च लोगों में शामिल होना भी ज़रूरी था।

एक रात बैरी चोरी करते हुए पकड़ा गया और उसे तीन गोलियां लगीं। शरीर में गोलियां, आँखों में कांच के टुकड़े और असहनीय दर्द के होते उसने एक अभूतपूर्व बात कही: "मैं अब यह और नहीं करूँगा।" उसे गिरफ्तार कर लिया गया और अट्ठारह साल की जेल हुई। जब वह बाहर निकला उसने अपनी बात रखी। वो दुबारा जवाहरात चुराने की ज़िन्दगी में नहीं लौटा। बल्कि वो न्यू इंग्लैंड शहर में जा कर एक आदर्श ज़िन्दगी जीने लगा। शहर के

लोगों ने उसे सम्मानित करने के लिए स्थानीय सेवानिवृत सैनिक समिति का कमांडर बना दिया|

समय के साथ बात फैली कि मशहूर जवाहरात चोर आर्थर बैरी कमांडर बन गया है| दुनियाभर से पत्रकार उस छोटे से शहर में उसका इंटरव्यू लेने आए| उन्होंने उससे बहुत से सवाल किये और अंत में एक जवान पत्रकार ने मुद्दे की बात की और सबसे ख़ास सवाल पूछा, "मिस्टर बैरी, आपने अपनी चोरी की ज़िन्दगी में बहुत से रईस लोगों के यहाँ चोरी की मगर क्या आपको याद है आपने सबसे ज़्यादा किस के यहाँ से चुराया?" बिना एक पल गंवाए, बैरी ने कहा, "आसान है, जिससे मैंने सबसे ज़्यादा चुराया वो आर्थर बैरी है| मैं एक कामयाब व्यापारी, या वाल स्ट्रीट पर सामंत और समाज को कुछ देने वाला कुछ भी बन सकता था मगर मैंने एक चोर की ज़िन्दगी चुनी और अपनी ज़िन्दगी का दो तिहाई हिस्सा जेल में बिताया|" हाँ! आर्थर बैरी वो चोर था जिसने सचमुच खुद से चुराया|

डॉक्टर की सर्विस

एक डॉक्टर जल्दी-जल्दी अस्पताल में एक अत्यावश्यक ऑपरेशन के लिए आता है| उसने कपड़े बदले और तुरंत ऑपरेशन ब्लाक में चला गया| उसने देखा कि लड़के के पिता वहाँ हाल में चक्कर लगा रहे हैं|

डॉक्टर को देखते ही पिता भड़क उठे: "इतनी देर क्यों लगी तुम्हे आने में? जानते नहीं हो मेरे बेटे की जान खतरे में है? कोई ज़िम्मेदारी का एहसास है या नहीं?"

डॉक्टर मुस्कुराया और बोला: "माफ़ कीजियेगा, मैं अस्पताल में नहीं था पर मैं जितनी जल्दी हो सका आ गया...अब मैं चाहूँगा आप शांत हो जाएँ ताकि मैं अपना काम शुरू कर सकूँ|"

"शांत हो जाऊं? ! अगर ये तुम्हारा बेटा होता तो क्या तुम शांत हो जाते? अगर तुम्हारा खुद का बेटा अभी मर जाये तो क्या करोगे?" पिता ने चिल्ला के पूछा|

डॉक्टर फिर मुस्कुराया और बोला: "मैं वही कहूँगा जो पावन बाइबिल में लिखा है 'हम मिटटी से आते हैं और मिटटी को लौट जाते हैं, भगवान् का नाम पावन रहे| ' डॉक्टर ज़िन्दगी बढ़ा नहीं सकते| जाइए और अपने बेटे के लिए प्रार्थना कीजिये, भगवान् की कृपा से हम अपनी तरफ से सबसे अच्छा करने की कोशिश करेंगे|"

पिता बडबडाया, "बहुत आसान होता है सलाह देना जब खुद का कोई लेना-देना ना हो|"

कुछ घंटों के ऑपरेशन के बाद डॉक्टर ख़ुश होता हुआ बाहर निकला, "शुक्र है! आपका बेटा बच गया!"

और बिना पिता के कुछ कहने का इंतज़ार किये वहाँ से बाहर दौड़ गया| "अगर आपको कुछ सवाल पूछने हैं तो नर्स से पूछ लीजियेगा|" नर्स को वहाँ आते देख पिता ने नर्स से पूछा, "ये इतना घमंडी क्यों है? ये कुछ देर रुक नहीं सकता था कि मैं इससे अपने बेटे का हाल जान सकूँ?"

नर्स ने बताया: "कल इनके बेटे का एक रोड एक्सीडेंट में निधन हो गया, वो उसे दफ़नाने गए हुए थे जब हमने आपके बेटे के ऑपरेशन के लिए उन्हें बुला भेजा|"

हर परिस्तिथि में शांत रहें ताकि आप अपने लिए बेहतर निर्णय ले सकें,

चाहे वो ज़िन्दगी में हों या बिज़नस में...

आपकी कार्यकुशलता के लिए, डॉक्टरों, आपका शुक्रिया|

चाइनामैन

चाइना का एक अमीर व्यापारी अब बूढ़ा हो चला था और अपने काम से सेवानिवृत होना चाहता था। उसने अपने तीनों बेटों को बुलाया और कहा, "मैं अपना व्यापार तीन हिस्सों में बाँट कर तुम तीनों को नहीं देने वाला। मैं बस ये जानना चाहता हूँ कि तुम तीनों में से सबसे अच्छा व्यापारी कौन है? मैं तुम तीनों का इम्तहान लूँगा। जो भी ये इम्तहान जीतेगा उसे सारा व्यापार दे दूंगा।"

बूढ़े व्यापारी ने तीनो बेटों को $10 डॉलर दिए। तीनों को इन पैसों से कोई ऐसी चीज़ खरीदनी थी जिससे एक बड़ा खाली कमरा भर जाए। जो लड़का सबसे ज्यादा कमरा भर पायेगा, वो जीत जायेगा। पहला लड़का गया और एक बड़ा पत्तों से भरा पेड़ खरीद लाया। उसने उसे कटवाया और कमरे में घसीट लाया। पर आधा ही कमरा भर पाया।

दूसरा बेटा गया और किसान जो कुनाई घास काट रहे थे वो सारी खरीद लाया| वो उसे कमरे में लाये और ज़्यादातर कमरा भर गया|

तीसरा बेटा सबसे बुद्धिमान था| वो एक छोटी सी दूकान पर गया और ₹25 की एक कैंडल खरीद लाया| शाम को, अँधेरा होने के बाद उसने अपने पिता को उस खाली बड़े कमरे में बुलाया| उसने कमरे के बीच में वो कैंडल फर्श पर रखी और जलाई| एक मिनट बाद उसने अपने पिता की तरफ देखा और कहा, “पिताजी, क्या आप इस कमरे का कोई भी कोना देख सकते हैं जहाँ इस छोटी सी कैंडल से रौशनी ना हो गई हो?”

उस बेटे ने सारा व्यापार जीत लिया|

हर इंसान अपनी चमक में चमकता है

एक समुराई जो अपनी अच्छाई और इमानदारी के लिए जाना जाता था, एक ज़ेन साधु के पास उनकी सलाह लेने गया|

साधु ने जब अपनी प्रार्थना पूरी कर ली तब समुराई ने उनसे पूछा, "मैं इतना हीन क्यों महसूस करता हूँ? मैंने कई बार मौत का सामना किया है, कमज़ोरों की रक्षा की है| मगर फिर भी, आपको साधना में देख कर मुझे लगा कि मैंने अपनी ज़िन्दगी में कुछ ख़ास नहीं किया है|"

"रुको| एक बार जो सब लोग मुझसे मिलने आए हैं, उन्हें देख लूँ, फिर मैं तुम्हारी बात का जवाब दूंगा|" साधु ने कहा|

समुराई पूरे दिन मंदिर के उद्यान में बैठा रहा, लोगों को सलाह लेने आते-जाते देखते रहा| उसने देखा कि साधु कैसे सब को उतने ही धीरज और वैसे ही उजली मुस्कान के साथ मिलते रहे|

रात को, जब सब जा चुके थे, उसने कहा: "क्या अब आप मुझे सिखा सकते हैं?"

मास्टर ने उसे अन्दर बुलाया और अपने कमरे में ले गए| आसमान में पूर्णिमा का चाँद चमक रहा था, और सब ओर शान्ति का वातावरण था|

“वो चाँद देख रहे हो कितना सुन्दर है? वो पूरी परिक्रमा करेगा और कल सुबह सूरज एक बार फिर चमक उठेगा|

“मगर सूरज की रौशनी कहीं ज्यादा है, और उसमे हमे अपने आस पास के पेड़, पहाड़, बादल सब नज़र आ जाते हैं| मैंने दोनों को पिछले कितने ही सालों से देखा है और कभी चाँद को नहीं कहते सुना कि मैं सूरज की तरह क्यों नहीं चमकता? क्या मैं उससे हीन हूँ?”

“बिलकुल नहीं|” समुराई ने जवाब दिया| सूरज और चाँद दो अलग-अलग हैं, दोनों की अपनी ख़ूबसूरती है|”

“तो तुम जवाब जानते हो| हम दोनों एक दुसरे से अलग हैं, दोनों अपने-अपने तरीके से अपने विचारों के लिए लड़ रहे हैं और दुनिया को एक बेहतर जगह बनाने की कोशिश कर रहे हैं; बाकि सब केवल मुखोटे हैं|

क्षमा करो और भूल जाओ

एक बूढ़े आदमी की अपने इकलौते बेटे से बहस हो गई। उसने बहुत बार माफ़ी मांगी मगर उस नौजवान ने उसकी एक ना सुनी। पिता ने हार नहीं मानी क्योंकि वो अपने बेटे से बेहद प्यार करते थे मगर बेटे ने उन्हें माफ़ नहीं किया क्योंकि वो अपने घमंड में चूर था।

सालों गुज़र गए और जब वो बूढ़ा आदमी अपनी मौत के नज़दीक था, उसने अपने बेटे से रिश्ता बनाने की एक आखरी कोशिश की मगर बेटा नहीं माना और बूढ़ा आदमी अपने दिल में अपार दर्द लिए सिधार गया।

इस दौरान बेटे का भी एक बेटा हो गया था जो अब एक नवयुवक बन चुका था। उसने अपने बेटे को कभी अपने पिता के बारे में नहीं बताया था। जब भी वो अपने दादा के बारे में पूछता वो उसे इस बारे में बात करने से मना कर देता।

एक दिन उन दोनों में भी बहुत बहस छिड जाती है और उसका बेटा भी घर छोड़कर चला जाता है जैसे कई सालों पहले वो चला

गया था| वो बहुत दुखी हो जाता है और इस बार उसमे कोई घमंड नहीं था मगर वो खुद को बहुत अकेला महसूस करता है|

उसे लगा कि उसने अपने बेटे को हमेशा के लिए खो दिया है और ज़िन्दगी में पहली बार उसने भगवान् की प्रार्थना करने की ओर रुख किया| तभी उसे एहसास हुआ कि इतने सालों पहले उसके पिता को कैसा महसूस हुआ होगा| उसे याद आया कि कैसे उसने अपने पिता को दुःख पहुँचाया था और उसे एहसास हुआ कि उसने उन्हें कितना बड़ा दुःख दिया था| जितना वो सोचता गया उसे समझ आता गया कि उसने अपने पिता के साथ कितना ग़लत किया था, उस आदमी के साथ जिसने उसे सारी ज़िन्दगी सब कुछ दिया|

इन दुखद ख्यालों के साथ वो सोफे पर ही सो गया| अगले दिन सुबह जब उसकी नींद खुली तो उसने देखा वह आराम से अपने पलंग पर सो रहा है और उसका बेटा उसके सामने खड़ा है| उसे अपनी आँखों पर विश्वास नहीं हो रहा था| बाप-बेटा दोनों गले लग कर बहुत रोये|

एक दूसरे से अनेक माफियाँ मांगने के बाद, बेटे ने कहा की अभी तक वह अपने पिता से बहुत नफरत करता था मगर रात को उसे एक अजीब सपना आया जो उसके दिल को छू गया| उसने सपने में देखा कि एक बूढ़ा आदमी उसे गले लगा रहा है

और जब उसे उस आदमी को गले लगाया तो उसकी सारी नफ़रत प्यार में बदल गई| उस बूढ़े आदमी ने तब उसे सलाह दी कि वो क्षमा करे और भूल जाए|

उसने बताया कि जैसे ही वह सुबह उठा वह दौड़ता हुआ अपने पिता के घर आ गया| तब उस आदमी ने अपने बेटे को बताया कि उसी रात उसने भी एक ज़रूरी सबक सीखा और कैसे उसने अपने पिता को दुःख पहुँचाया था जब वह जवान था| उसका बेटा अपने दादा के बारे में जानना चाहता था जिनसे वो कभी मिला नहीं था, देखा नहीं था और अब यह सबसे सही वक़्त था| आदमी जा कर अपने पिता की तस्वीरों वाली एल्बम ले आया| बेटे ने जब तस्वीरें देखीं तो वो भौचक्का रह गया| उसने बताया कि तस्वीर वाला आदमी वही है जो कल रात उसके सपने में आया था|

तकलीफों का सामना सकारात्मक से करें

ये कहानी एक किसान की है जिसके पास एक बूढ़ा खच्चर था| वो खच्चर एक दिन किसान के कुँए में गिर गया| किसान ने खच्चर को भगवान् को याद करते सुना या वो जो भी खच्चर करते हैं जब वो कुँए में गिर जाते हैं| माजरा समझने के बाद किसान को खच्चर के लिए दुःख हुआ, मगर उसने तय किया कि ना ही खच्चर ना ही वो कुआँ बचाए जाने के लायक हैं| बजाय, उसने अपने पड़ोसियों को बुलाया और उन्हें बताया क्या हो गया है, और उनसे मदद माँगी कि वे कुँए में मिट्टी डाल कर खच्चर को वहीँ दफ़ना दें और उसे उसकी पीड़ा से मुक्ति दें|

पहले तो खच्चरये सुन कर पागल हो गया! मगर जैसे-जैसे किसान और उसके पडोसी मिट्टी डालते गए और वो उसकी पीठ पर पड़ती गई, उसे एक तरकीब सूझी| उसे अकस्मात् सूझा

कि हर बार जब मिट्टी उसके ऊपर पड़ती है तो वह उसे झाड़ कर उसके ऊपर चढ़ सकता है!

और वह ये करता गया| "झाड़ो और चढ़ो...झाड़ो और चढ़ो...झाड़ो और चढ़ो!" वह खुद को प्रोत्साहित रखने के लिए बोलता गया| जितना भी दर्द होता, जितनी भी परिस्तिथि ख़राब होती लगती, वो बूढ़ा खच्चर अपने डर से लड़ता बस ये सोच कर बढ़ता गया कि झाड़ो और चढ़ो!

कुछ ही समय में बूढ़ा खच्चर, घायल और थका हुआ, कुँए की दीवार को जीत कर लांघ गया! जो लगता था उसे दफना देगा, वही उसे बाहर ले आया...सिर्फ उसके समस्या से जूझने के तरीके की वजह से|

यही ज़िन्दगी है! हमें अपनी तकील्फों का सामना करना चाहिए और उनका सकारात्मकता से हल निकालना चाहिए, और डर, कड़वाहट और अफ़सोस को जगह नहीं देनी चाहिए|

अमीर जिनकी ज़िन्दगी में हिसाब नहीं

1923 में दुनिया के नौ सबसे कामयाब वित्तदाता शिकागो के एक बड़े होटल में अर्थव्यवस्था के बारे में चर्चा करने के लिए मिले| ये नौ दुनिया के सबसे ज़्यादा अमीर लोग थे| मीटिंग के लिए टेबल पर मौजूद लोगों में न्यू यॉर्क स्टॉक एक्सचेंज के सभाध्यक्ष...दुनिया की सबसे बड़ी स्टील कंपनी के अध्यक्ष...दुनिया की सबसे बड़ी गैस कंपनी के अध्यक्ष...और दुनिया के सबसे बड़े एकाधिकार के अध्यक्ष थे|

25 साल आगे, साल 1948| आपको क्या लगता है उन नौ लोगों का क्या हुआ जिनके पास कुछ सालों पहले तक इतनी शक्ति और दौलत थी...मगर ज़िन्दगी में हिसाब नहीं था? उनकी किस्मतों का लेखा छोटे में कहूँ तो ये है:

नौ में से तीन आदमियों ने आत्महत्या कर ली| नौ में से तीन कंगाल हो कर मर गए| नौ में से दो को जेल हो गई| और नौ में से एक को कानून ने पागल घोषित कर दिया|

कम में, नौ के नौ नाख़ुश...कंगाल..तिरस्कृत...या पागल मरे। इन नौ में से हर एक ने पैसा बनाना सीखा। मगर किसी ने संतुलन बनाने की महत्वता पर ध्यान नहीं दिया।

संतुलन, मेरे दोस्त, सबसे ज़रूरी है!

मेंढ़क

मेंढ़कों का एक झुंड जंगल से होकर गुज़र रहा था, कि उसमे से दो एक गहरे गड्ढे में गिर गए|

सरे मेंढ़क गड्ढे के आस-पास खड़े हो गए| जब उन्होंने देखा कि कितना गहरा गड्ढा है तो उन्होंने दोनों मेंढ़कों से कहा कि अब उनका बचना मुश्किल है|

दोनों मेंढ़कों ने उनकी बातों को नज़रंदाज़ किया और कूद कर वहाँ से बाहर निकलने की कोशिश करते रहे|

बाकि मेंढक उन्हें कहते रहे की कोशिशें अब बेकार हैं और उनका मरना तय|

आख़िरकार एक मेंढक ने उनकी बात मान ली और हार मान ली| वह नीचे गिरा और मर गया|

दूसरा मेंढ़क पूरी ताकत से कूदता रहा| मगर फिर बाकि मेंढ़कों ने उसे कोशिश करके अपना दर्द बढ़ाने की बजाय मर जाने की सलाह दी|

उसने और भी ताकत से छलांग लगाई और इस बार बाहर निकल गया| जब वह बाहर निकला दूरसे मेंढ़कों ने कहा, “तुम्हे क्या हमारी आवाज़ सुनाई नहीं दे रही थी?”

मेंढ़क ने समझाया कि वह बहरा है| पूरे समय वह यह ही समझता रहा कि वे उसे प्रोत्साहित कर रहे हैं|

सीखने योग्य सबक:

1. ज़ुबान में जीने-मरने की ताकत होती है| कोई जो हताश हो, प्रोत्साहन के चंद शब्दों से खिल सकता है और अपना दिन ख़ुशी से जी सकता है|
2. जब कोई हताश हो तो अनुचित शब्द उसे मौत की ओर धकेल सकते हैं|

सोच कर बोलें| जो भी आपके रास्ते से गुज़रे उससे ज़िन्दगी फूंकने वाली बात कहें|

शब्दों की ताकत...यह समझना कई बार मुश्किल हो जाता है कि प्रोत्साहन देने वाले

शब्द कितनी दूर ले जा सकते हैं| मुश्किल समय में ज़िन्दगी से उसकी चमक छीननेवाले शब्द तो बहुत लोग बोल सकते हैं| ख़ास वो है जो दूसरों को आगे बढ़ाने के लिए वक़्त निकाले|

हमें हर रोज़ गुरबानी क्यों पढ़नी और सुननी चाहिए

एक बूढ़ा किसान पहाड़ी पर अपने फार्म में अपने जवान पोते के साथ रहता था| हर सुबह दादा जल्दी उठकर किचन टेबल पर बैठ कर गुरबानी पढ़ा करते थे|

उनका पोता उनके जैसा बनना चाहता था और हर चीज़ में उनकी नक़ल करने की कोशिश करता था| एक दिन उसने अपने दादा से कहा, “दादाजी! मैं आपके जैसे नितनेम पढना चाहता हूँ मगर वो मुझे समझ नहीं आता और जो समझ आता है वो मैं भूल जाता हूँ| नितनेम पढने का फायदा क्या है?” दादा ने अंगीठी में कोयला डालते-डालते उसे मुढ़ कर देखा और कहा, “इस कोयले की टोकरी को नीचे नदी तक लेकर जाओ और मुझे पानी की एक टोकरी ला कर दो|”

जैसे उसे कहा गया था लड़के ने किया, मगर घर तक आते-आते सारा पानी बह गया| दादा हँसे और कहा, “तुम्हे अगली बार और जल्दी आना पड़ेगा,” और उसे दुबारा कोशिश करने के

लिए नदी पर टोकरी के साथ भेज दिया| इस बार लड़के ने दौड़ लगाई मगर फिर भी घर तक आते-आते पानी टोकरी से बह गया| साँसे उसकी फूल रही थीं, और उसने दादा को कहा कि टोकरी में पानी ले कर आना नामुमकिन है और वो बाल्टी लेने चला गया|

दादा ने कहा, “मुझे एक बाल्टी पानी नहीं चाहिए; मुझे एक टोकरी पानी चाहिए| तुम पूरी कोशिश नहीं कर रहे हो| ,” और वो दरवाज़े से बाहर लड़के को एकबार फिर कोशिश करते देखने खड़े हो गए| अब तक लड़के को समझ आ चुका था कि ये करना नामुमकिन है मगर फिर भी वह अपने दादा को दिखाना चाहता था कि वह चाहे कितना ही तेज़ भाग कर आए, घर तक आने से पहले पानी बह जायेगा| लड़के ने नदी में टोकरी डाली और तेज़ दौड़ कर पहुँचा, मगर जब तक वह दादाजी के पास था पानी बह चुका था| हाँफते हुए उसने कहा, “देखा दादाजी, इसका कोई फायदा नहीं है!” दादा ने कहा, “तो तुम्हे लगता है यह बेकार है? टिकरी की तरफ देखो|” लड़के ने टोकरी देखी तो वह कोई दूसरी थी| वो कोयले की गन्दी-काली टोकरी से बदल कर अब अन्दर-बाहर से साफ़ हो गई थी| बच्चों, पाठ करने से यह होता है|

शायद यह समझ में ना आए या सबकुछ याद ना हो, मगर गुरबानी पढने से तन-मन स्वच्छ होता है| वाहेगुरूजी का हमारे जीवन में यह सबसे बड़ा महत्त्व है|

ईमानदारी

एक बार दूर पूर्व में एक राजा होता था जो बूढ़ा हो रहा था वह जानता था कि अब उसे अपना उत्तराधिकारी चुन लेना चाहिए| अपने बच्चों या मंत्रियों में से किसी को चुनने की बजाय उसने कुछ अलग करने का निर्णय किया|

उसने प्रजा के हर नवजवान को एक साथ बुलाया| उसने कहा, "समय आ गया है कि मैं सिंघासन से उतर जाऊं और अगला राजा बनाऊँ| मैंने तुम्हारे बीच से चुनाव करने का फैसला किया है|" बच्चे स्तब्ध रह गए! मगर राजा ने आगे कहा, "मैं तुम सबको आज एक-एक बीज दूँगा| केवल एक बीज| ये बहुत ख़ास बीज हैं| मैं चाहता हूँ कि आप ये बीज लेकर घर जाएँ, इसे उगायें, पानी दें और साल भर बाद इस बीज का क्या रूप है मेरे पास लेकर के आयें| आपके लाये पौधे मैं आंकुंगा और जिसे मैं चुनुंगा उसे देश का अगला राजा घोषित कर दिया जायेगा!" उस दिन वहाँ लिंग नाम का एक लड़का था, जिसे भी औरों की तरह एक बीज मिला| उत्साहित वह घर पहुंचा और अपनी माँ को सारी कहानी कह सुनाई| माँ ने गमला और मिट्टी लाने में

उसकी मदद की जिसमे उसने बीज को लगाया और उसे पानी दिया| हर रोज़ वह उसे पानी देता और उसके बढ़ने का इंतज़ार करता|

तीन हफ्ते बाद, कुछ अन्य युवक अपने बीज और उसके उगने के बारे में बात करने लगे| लिंग घर जा कर अपना बीज देखता मगर वहाँ कुछ नहीं था| तीन, चार, पांच हफ्ते बीत गए| मगर कुछ नहीं|

अब तक, सब अपने-अपने पौधे के बारे में बात कर रहे थे मगर लिंग के पास उसके गमले में कुछ नहीं था| उसे यकीन हो गया कि उसने अपने बीज को मार डाला है| बाकि सबके पास पेड़, ऊँचे पौधे थे मगर उसके पास कुछ भी नहीं|

मगर उसने अपने दोस्तों से कुछ नहीं कहा|

वो केवल अपने बीज के उगने का इंतज़ार करता रहा|

साल बीता और प्रदेश के सारे नौजवान अपने-अपने पौधे लेकर राजा के पास पहुँचे| लिंग ने अपनी माँ से कहा कि वह खाली गमला लेकर नहीं जायेगा| मगर उन्होंने उसे अपना गमला के लेकर जाने के लिए और ईमानदारी से सच बोलने के लिए प्रोत्साहित किया| लिंग को यह बिलकुल अच्छा नहीं लग रहा

था मगर वह जानता था माँ सही कह रही हैं| वो अपना खाली गमला लेकर महल पहुँचा|

जब लिंग वहाँ पहुंचा तो वह नौजवानों के अलग-अलग प्रकार के पौधे देख कर हैरान रह गया| वे सारे ही बेहद ख़ूबसूरत और भिन्न-भिन्न ऊंचाई और प्रकार के थे| लिंग ने अपना खाली गमला ज़मीन पर रखा जिसे देख कर बाकि बच्चे हँस पड़े| कुछ ने उसके साथ सहानुभूति जताई और कहा, “अच्छी कोशिश थी, दोस्त|”

राजा जब कमरे में आए तो सभी नौजवानों का अभिनन्दन किया और कमरे का जायज़ा लिया| लिंग पीछे छुपने की कोशिश करता रहा| राजा ने पौधे देख कर कहा, “मेरे भगवान्! क्या बेहतरीन पौधे, पेड़ और फूल हैं|”

अचानक कमरे के बीच खाली गमला लिए खड़े लिंग पर राजा की नज़र पड़ी| उन्होंने अपने सैनिकों से उसे सामने लाने को कहा| लिंग घबरा गया| “राजा को पता चल गया कि मैं एक नाकामयाब युवक हूँ! शायद अब वह मुझे मरवा देंगे!”

लिंग जब सामने आया तो राजा ने उससे उसका नाम पूछा| उसने बताया, “जी, मेरा नाम लिंग है|” सारे बच्चे हँस रहे थे और उसका मज़ाक बना रहे थे| राजा ने सबको शांत हो जाए का आदेश दिया| उसने लिंग की और देखा और घोषणा की,

“अपने नए राजा का सत्कार करें! उसका नाम लिंग है!” लिंग को यकीन नहीं हुआ| वह अपना बीज भी नहीं उगा पाया था| वह राजा कैसे बन सकता था?

तब राजा ने कहा, “सालभर पहले मैंने सबको एक-एक बीज दिया था| मैंने कहा था कि इसे घर ले जाएँ, उगायें, पानी दें और आज वापस मेरे पास ले कर आयें| मगर मैंने आप सबको उबले हुए बीज दिए थे, जो उग ही नहीं सकते थे| आप सब, सिवाए लिंग के मेरे पास पेड़, पौधे, फूल लेकर आए हैं| जब आपने देखा कि बीज नहीं उग रहा है आपने उसे दुसरे बीज से बदल दिया| सिर्फ लिंग में वो बहादुरी और ईमानदारी थी कि वह गमले में वही बीज लेकर आया| इसलिए, येही है वह जो नया राजा बनाया जायेगा!”

बेहतर आत्मविश्वास

क्या आप नकारात्मक सलाहों से जल्दी से विक्षिप्त हो जाने वालों में से हैं? बेहतर आत्मविश्वास के इस छोटे से सबक का अनुसरण करें...

हेनरी वार्ड बीचर जब स्कूल में पढता था, उसने आत्मविश्वास का ऐसा सबक सीखा जो वह कभी नहीं भूला|

उसे पूरी कक्षा के सामने कवितापाठ के लिए बुलाया गया| उसने शुरू ही किया था जब उसकी टीचर ने उसे टोका और चीड कर कहा, “नहीं!” उसने दुबारा से शुरू किया मगर टीचर फिर से चीखी, “नहीं!” शर्मा कर हेनरी बैठ गया|

अगला लड़का उठा और शुरू हुआ ही था जब टीचर चिल्लाई, “नहीं!” मगर ये लड़का रुका नहीं जब तक की उसने पूरा कवितापाठ खत्म नहीं कर लिया| जब वह बैठा, टीचर ने कहा, “बहुत बढ़िया!”

हेनरी चिढ गया| उसने शिकायती लहज़े में कहा, “मैंने भी तो ऐसे ही किया था|”

मगर उन्होंने जवाब दिया, “सिर्फ सबक जानना ही ज़रूरी नहीं है, उसके बारे में पक्का होना भी ज़रूरी है| जब तुमने मुझे तुम्हे रोकने दिया, इसका मतलब था कि तुम पक्के नहीं हो| अगर दुनिया कहती है, ‘नहीं’ तो यह तुम्हारा काम है कहो, ‘हाँ!’ और उसे साबित करो|

हेनरी वार्ड बीचर 19वीं सदी के एक जानीमानी धार्मिक सभा के पादरी, समाज सुधारक, उन्मुलनवादी और प्रवक्ता थे|

दुनिया हज़ार बार कहेगी, ‘नहीं!’|

‘नहीं! तुम ऐसा नहीं कर सकते| ’

‘नहीं! तुम ग़लत हो| ’

‘नहीं! तुम बहुत बड़े हो गए हो| ’

‘नहीं! तुम बहुत छोटे हो| ’

‘नहीं! तुम कमज़ोर हो| ’

‘नहीं! ये नहीं हो पाएगा| ’

‘नहीं! तुम इसके लिए पढ़े-लिखे नहीं हो| ’

‘नहीं! इसके लिए तुम्हे कुछ पता नहीं है| ’

‘नहीं! तुम्हारे पास पैसे नहीं हैं| ’

‘नहीं! ये नहीं हो सकता| ’

और हर नहीं! जो आप सुनते हैं वो आपका आत्मविश्वास थोड़ा-थोड़ा कर के जंग लगा देता है जब तक की आप हार नहीं मान लेते|

हालाँकि आज भी दुनिया कहेगी, ‘नहीं!’ मगर आपमें आत्मविश्वास होना चाहिए कहने का ‘हाँ!’ और उसे साबित करें!’

स्टीव जॉब्स का प्रोत्साहन से भरा भाषण

स्टीव जॉब्स (1955 - 2011, 56), एप्पल इनकारपोरेशन के संस्थापक ने ये कमाल का प्रोत्साहन से भरा भाषण स्तान्फोर्ड यूनिवर्सिटी के क्षात्रों को 12 जून 2005 को दिया था|

उनके समझदार और विचारशील खयालात नीचे हैं|

आज जब आप दुनिया की एक सबसे बेहतरीन यूनिवर्सिटी में पढ़ कर निकल रहे हैं

और मैं आपके सामने खड़ा हूँ तो मुझे बहुत गर्व महसूस हो रहा है| मैं कभी कॉलेज में नहीं पढ़ा|

सच कहूँ तो किसी कॉलेज से ग्रेजुएट होने का ये मेरा सबसे निकटतम अनुभव है|

आज मैं आपको अपनी ज़िन्दगी की तीन कहानियाँ सुनाना चाहता हूँ|

बस| कोई बड़ी-बड़ी बातें नहीं| केवल तीन कहानियाँ|

पहली कहानी है बिंदु से बिंदु जोड़ने की

पहले 6 महीनों के बाद मैं रीड कॉलेज से निकल गया, मगर और 18 महीने वहाँ आता-जाता रहा जब तक की मैंने कॉलेज पूरी तरह से नहीं छोड़ दिया| तो मैंने क्यों छोड़ा?

शुरुआत मेरे पैदा होने से पहले होती है| मेरी माँ एक जवान, बिन-ब्याही कॉलेज की क्षात्रा थीं, और उन्होंने मुझे गोद देने के लिए सोच लिया था| उन्हें ये बात बहुत लगती थी कि मुझे कॉलेज में पढ़ा हुआ ही कोई गोद ले, इसलिए मेरे पैदा होने से पहले ही एक वकील दंपत्ति के साथ बातचीत कर ली गई थी| बस मेरे होते ही उन्होंने आखरी मिनट पर तय किया कि उन्हें एक लड़की चाहिए थी| इसलिए मेरे माता-पिता, जिनका नाम गोद लेने वाले इच्छुक दम्पतियों की लिस्ट में अगला था को आधी रात को फ़ोन कर के कहा गया: "एक बच्चा है;लड़का; क्या आप लेना चाहेंगे? उन्होंने कहा, ज़रूर| ' मेरी पैदा करने वाली माँ को बाद में पता चला कि मेरे माता-पिता दोनों कभी कॉलेज से नहीं पढ़े| उन्होंने आखरी समय कर गोद देने के कागज़ात पर दस्तख़त करने से इनकार कर दिया| कुछ महीनों के बाद जब उन्होंने उन्हें यकीन दिलाया कि मैं ज़रूर किसी दिन कॉलेज जाऊंगा तब वह मानीं|

और 17 साल बाद मैं कॉलेज गया| मगर नादानी में मैंने वो कॉलेज चुना जो स्तान्फोर्ड जितना ही महंगा था, और मेरे नौकरीपेशा माँ-बाप की सारी जमा पूँजी मेरी फीस में निकलने लगी| छः महीने बाद मुझे इसमें कोई फायदा नहीं दिख रहा था| मुझे कुछ नही पता था कि मैं ज़िन्दगी में क्या करना चाहता हूँ और वो खोजने में कॉलेज कैसे मेरी मदद करेगा| और मैं यहाँ अपने माता-पिता की ज़िन्दगीभर की कमाई खर्च कर रहा था| इसलिए मैंने निकल जाने का तय किया इस विश्वास के साथ कि सब ठीक होगा| उस वक़्त बहुत डर लग रहा था मगर अब पीछे मुड कर देखता हूँ तो लगता है वो मेरा बेहतरीन निर्णय था| निकलते ही मैंने वो क्लासेज लेना बंद कर दिया जिनमे मेरा मन नहीं लगता था, और बस उनमे जाने लगा जिनमे मुझे रूचि थी|

सब कुछ गुलाबी नहीं था| मेरे पास सोने को कोई जगह नहीं थी इसलिए मैं दोस्त के कमरे में फर्श पर सोता था, मैं कोक की 50 बोतलें जमा करता था ताकि खाना खरीद सकूँ, और मैं हर रविवार शहर से बाहर तक 7 मील पैदल चलता था ताकि हरे कृष्णा मंदिर में हफ्ते का इकलौता अच्छा खाना खा सकूँ| मुझे ये सब बहुत अच्छा लगता था| बाद में ये सब जो मैंने अपनी उत्सुकता और मन के अनुसार किया था, मेरे लिए अनमोल साबित हुआ| जैसे कि:

रीड कॉलेज शायद देश में सबसे अच्छी कैलीग्राफी सिखाता था| पूरे कैंपस में हर पोस्टर, हर दराज का हर लेबल खूबसूरती से लिखा गया था| क्योंकि मैं कॉलेज छोड़ चुका था और मुझे बाकि क्लासेज में जाने की ज़रुरत नहीं थी, मैंने तय किया कि मैं कैलीग्राफी करना सीखूंगा| मैंने सेरिफ और सैन सेरिफ टाइपफेसेस, अलग-अलग अक्षरों के मिलाव के बीच में जगह रख कर लिखना, वो सब जो सुन्दर लेखनी को और सुन्दर बनाता है वह सब सीखना शुरू किया| ये सब बहुत ख़ूबसूरत, प्राचीन, कलाकारात्मक और सधा हुआ था; ऐसा कुछ जो साइंस नहीं बाँध सकती, और मैं इससे बहुत आकर्षित था|

इस सब का मेरी ज़िन्दगी में देखा जाए तो कोई इस्तेमाल करने का प्रावधान नहीं था| मगर दस साल बाद जब हम अपना पहला मैकिन्टोश कंप्यूटर बना रहे थे, यह सब मुझे याद आ गया| और हमने मैक में यह सब डिज़ाइन किया| ये पहला कंप्यूटर था ऐसी ख़ूबसूरत लेखनी वाला| अगर उस वक़्त कॉलेज में मैंने उस एक कोर्स को नहीं किया होता, तो मैक के इतने सारे टाइपफेसेस नहीं होते और कायदे से बराबर जगह छोड़कर लिखी हुई लेखनी नहीं होती| और क्योंकि विंडोज़ ने वह मैक से ऐसा का ऐसा नक़ल कर लिया था इसलिए शायद किसी भी निजी कंप्यूटर में यह नहीं है| अगर मैं कॉलेज नहीं छोड़ता तो मैं इस कैलीग्राफी क्लास में कभी नहीं जा पाता, और निजी कंप्यूटरों

में ये ख़ूबसूरत लेखनी नहीं हो पाती जो अभी है| निश्चित ही जब मैं कॉलेज में था तब ये बिंदु जोड़ना मेरे लिए नामुमकिन था| मगर दस साल बाद मुड कर देखने पर सब कुछ साफ़-साफ़ नज़र आता है|

दुबारा कह रहा हूँ, आप आगे देख कर बिंदु नहीं जोड़ सकते; आप सिर्फ पीछे देख कर ही उन्हें जोड़ पाते हैं| इसलिए आपको यह विश्वास रखना होगा कि भविष्य में ये बिंदु ज़रूर जुड़ेंगे| आपको कुछ चीज़ों में विश्वास रखना होगा—आपकी अन्दर की आवाज़, किस्मत, जीवन, कर्म, सब कुछ| इस तरीके ने मुझे कभी निराश नहीं किया है, और इसने मेरी ज़िन्दगी में बहुत से बदलाव किये हैं|

मेरी दूसरी कहानी प्यार और उसे खोने की है|

मैं ख़ुशनसीब था—ज़िन्दगी में जो मैं चाहता वह मैं जल्दी ही जान गया| वोज़ और मैंने एप्पल की शुरुआत 20 साल की उम्र में मेरे माता-पिता के गेराज में की| हमने बहुत मेहनत की, और 10 सालों में एप्पल गेराज में हम दोनों से बढ़कर एक $2000 बिलियन की कंपनी बन गई जिसमे 4000 मुलाज़िम हैं| हमने साल भर पहले अपना बेहतरीन उत्पाद निकाला था—मैकिन्टोश—और मैं 30 साल का हो गया था| और फिर मुझे कंपनी से निकाल दिया गया| कोई आपको आपकी ही कंपनी से कैसे

निकाल सकता है? जब एप्पल आगे बढ़ने लगी तो हमने एक ऐसे आदमी को नियुक्त किया जो मुझे लगा था मेरे साथ कंपनी चलाने के लिए बहुत योग्य है, और पहले साल तक चीज़ें ठीक भी थीं| मगर धीरे-धीरे हमारे नज़रियों में बदलाव आने लगा और हम अलग हो गए| जब यह हुआ, तब बोर्ड ऑफ डायरेक्टरों ने उसका साथ दिया| तो 30 की उम्र में मैं वहाँ से बाहर था| पूरी दुनिया के सामने बाहर| मेरी व्यसक ज़िन्दगी का जो सारा ध्येय था वो चला गया था, और मैं बिखर गया था|

कुछ महीनों तक मैं समझ नहीं पाया क्या करूँ| मुझे लगा मैंने पिछली पीढ़ी के व्यापारियों को शर्मिंदा किया है - मानों मैंने रेस में पकडाए जाने वाला बैटन मुझे मिलने के वक़्त गिरा दिया हो| मैं डेविड पेकार्ड और बॉब नॉयस से मिला स्तिथि इतनी बिगाड़ देने के लिए माफ़ी मांगने के लिए| मैं एक मशहूर आदमी था, और मैंने वैली से भाग जाने का सोचा| मगर आहिस्ता-आहिस्ता मुझे एहसास हुआ कि मैं अभी भी जो करता था उससे मुझे बहुत प्यार था| एप्पल में जो हुआ उससे वहाँ कोई बदलाव नहीं आया था| मुझे नामंज़ूर कर दिया गया था, मगर मैं अभी भी प्यार में था| इसलिए मैंने नई शुरुआत करने का सोचा|

उस समय ऐसा नहीं लग रहा था मगर बाद में यकीन हुआ कि एप्पल से निकाल दिए जाना मेरे लिए अच्छा साबित हुआ|

कामयाब होने के बोझ की जगह नई शुरुआत ने ले ली जहाँ मुझे आगे का कुछ पता नहीं था| इसने मुझे अपने सबसे कलात्मक समय में जाने की छूट दी|

अगले पांच सालों में मैंने NeXT और पिक्सर नाम की कंपनियां शुरू कीं और एक कमाल की औरत का प्यार पाया जो मेरी पत्नी बनी| पिक्सर से दुनिया की पहली कंप्यूटर से बनी हुई एनिमेटेड फिल्म बनी, टॉय स्टोरी, और अब यह दुनिया का सबसे कामयाब एनीमेशन स्टूडियो है| समय ने ऐसी पलटी खाई, एप्पल ने NeXT खरीद लिया, मैं वापस एप्पल में चला गया, और जो तकनीक हमने NeXT में तैयार की थी वो अब एप्पल में इस्तेमाल होती है| लौरेने और मैं साथ में बहुत खुश हैं|

मुझे पूरा विश्वास है कि इसमें से कुछ भी नहीं होता अगर मुझे एप्पल से निकाल नहीं दिया गया होता| दवाई का स्वाद खराब था, पर शायद मरीज़ को उसकी ज़रूरत थी| कभी-कभी ज़िन्दगी आपके सर पर ईंट दे मारती है| भरोसा रखें| मुझे यकीन है कि मैं केवल इसलिए आगे बढ़ता गया क्योंकि मैं अपने काम से प्यार करता था| आपको वह ढूंढना होगा जिसे आप प्यार करते हैं| यह काम के लिए भी उतना ही ज़रूरी है जितना साथी के लिए| आपका काम आपकी ज़िन्दगी का एक बड़ा हिस्सा बनता है, और अन्दर से संतुष्ट रहने के लिए ये ज़रूरी है कि आप

खुद जानते हों कि आप बेहतरीन काम कर रहे हैं| और बेहतरीन काम तब ही होता है जब आप अपने काम से प्यार करते हैं| अगर आपको अभी तक वह नहीं मिला है, तो खोज जारी रखिये| कम में मत मान जाइए| जैसा दिलों के हर मामले में होता है, जब आपको वो मिलेगा तब आपको पता चल जायेगा| और हर महान रिश्ते की तरह, यह भी साल दर साल और अच्छा होता जाता है| तो जब तक ना मिले खोजते रहिये| कम में मत मानिए|

मेरी तीसरी कहानी मौत के बारे में है|

जब मैं 17 साल का था तब मैंने कहीं पढ़ा था: "अगर आप अपना हर दिन इस तरह जियेंगे जैसे वो आपका आखरी हो, तो एक दिन आप ज़रूर सही होंगे|" इसने मुझपर एक गहरी छाप छोड़ी, और तबसे, पिछले 33 सालों से, मैंने हर सुबह आईने में देखा है और खुद से सवाल किया है: "अगर आज मेरा आखरी दिन है, तो क्या मैं वह करना चाहता हूँ जो मैं आज करने वाला हूँ?" और जब भी कई दिनों तक जवाब मुझे 'नहीं' में मिलता है, तो मैं समझ जाता हूँ कुछ बदलाव करने की ज़रूरत है|

ये याद रखना कि मैं जल्दी ही मरने वाला हूँ मेरे लिए अपनी ज़िन्दगी के बड़े नतीजे लेने के लिए एक ख़ास ख़याल साबित हुआ| क्योंकि सब कुछ—सारी बाहरी उम्मीदें, सारा गर्व, हार और

शर्मिंदगी - सब कुछ मौत के सामने कुछ नहीं हैं| जो सबसे ज़रूरी है बस वही रह जाता है| ये याद रखना कि आप मरने वाले हैं सबसे अच्छा तरीका है कुछ खोने के डर के जाल से बचने का जो मैं जानता हूँ| आप पहले ही नग्न हैं| इसलिए क्यों न अपने दिल की ही सुन लें|

साल भर पहले मुझे पता चला कि मुझे कैंसर है| सुबह 7:30 बजे मेरा स्कैन हुआ, जिसमे मेरी पैंक्रियास में एक ट्युमर साफ दिखाई दे रहा था| मैं यह भी नहीं जानता था कि पैंक्रियास होती क्या हैं| डॉक्टर ने मुझे साफ़-साफ़ बताया कि यह एक तरह का कैंसर है जिसका कोई इलाज नहीं है, और मुझे तीन से छः महीनों से ज़्यादा जीने की उम्मीद नहीं करनी चाहिए| मेरे डॉक्टर ने मुझे घर जाने की सलाह दी और अपना सब काम करीने से रख लेने को कहा, जो डॉक्टर तब कहता है जब वह कहना चाहता हो मरने से पहले तैयारी कर लो| इसका मतलब है अपने बच्चों से कुछ ही महीनों में वह सब कहने की कोशिश करना जो आपने सोचा था अगले 10 सालों में कहोगे| इसका मतलब है हर चीज़ अपने परिवार के लिए तैयार कर के रखना ताकि उन्हें कम से कम परेशानी हो| इसका मतलब है लोगों से अलविदा कह लें|

मैं अपनी बिमारी की जानकारी के साथ पूरे दिन रहा| उस दिन शाम को मेरी बायओप्सी हुई, जिसमे उन्होंने मेरे गले के अन्दर एक एण्डोस्कोप डाला, जो मेरे पेट से होता हुआ मेरी अंतड़ियों तक पहुंचा, उन्होंने मेरी पैंक्रियास में सुई घुसाई और ट्यूमर सेल निकालीं| मैं बेहोश था, मगर मेरी पत्नी, जो वहाँ थी, ने बताया कि जब उन्होंने वो सेल माइक्रोस्कोप के नीच रख के देखीं तो डॉक्टर रोने लगे क्योंकि पता चला ये एक ऐसा अनोखे तरह का पैनक्रेअटिक कैंसर था जो ऑपरेशन से ठीक हो सकता था| मेरा ऑपरेशन किया गया और अब मैं ठीक हूँ|

मौत के इतना पास मैं और कभी नही था, और मैं उम्मीद करता हूँ अगले कुछ दशकों तक मैं इतना पास ना जाऊं| इससे निकल आने के कारण मैं आप सबसे यह उससे और ज़्यादा निश्चित तौर पर कह सकता हूँ जो मैंने आपसे तब कहा था जब मौत एक ज़रूरी मगर बौद्धिक विचार था:

मरना कोई नहीं चाहता| जो लोग स्वर्ग जाना चाहते हैं वे भी वहाँ पर मर कर नहीं जाना चाहते| मगर फिर भी मौत वो जगह है जहाँ सबको जाना है| इससे कोई नहीं बच पाया है| और यही होना चाहिये, क्योंकि मौत अवश्य ही ज़िन्दगी की सबसे बड़ी खोज है| ये ज़िन्दगी को बदलने वाला एजेंट है| ये पुराने को हटा कर नए के लिए जगह बनाता है| आज नया आप हैं, मगर

एक दिन जो यहाँ से बहुत दूर नहीं है, आप बूढ़े होंगे और आपकी जगह साफ़ की जाएगी| नाटकीय होने के लिए क्षमा चाहता हूँ मगर येही सच है|

आपके पास समय कम है, इसे दूसरों की ज़िन्दगी जीने में बर्बाद नहीं करें| सिद्धांतों में ना फसें–जो दुसरे लोगों की सोच के नतीजे हैं| दूसरों के ख्यालों की सोच को अपनी अंदरूनी आवाज़ पर भारी ना पड़ने दें| और सबसे ज़रूरी बात, अपने दिल और अपनी अंतर-आवाज़ की सुनने का हौसला रखें| पता नहीं कैसे उन्हें पहले ही पता होता है आप क्या बनना चाहते हैं| बाकि सब उसके बाद है|

जब मैं जवान था, तो एक कमाल का प्रकाशन था जिसका नाम था द होल वर्ल्ड कैटलॉग, जो मेरी पीढ़ी का बाइबिल हुआ करता था| इसे स्टीवर्ड ब्रांड नाम के आदमी ने बनाया था जो यहाँ से बहुत दूर नहीं मेंलो पार्क में रहता था, और उसने इसमें अपनी कविताओं से जान फूंक दी थी| यह 1960 के आखिर की बात है, निजी कम्प्यूटरों और डेस्कटॉप पब्लिशिंग के पहले की, इसलिए ये सब टाइपराइटर, कैंची और पोलारोइड कैमेरों से बनाया हुआ था| ये एक तरह से किताब के रूप में गूगल था, गूगल के आने के 35 साल पहले: यह आदर्शवादी था, और कमाल के उपकरण और महान ख्यालों से भरा हुआ था|

स्टीवर्ट और उसकी टीम ने द होल अर्थ कैटलॉग के कई अंक निकाले और जब वह अपना समय पूरा कर चुका था, तो उन्होंने एक आखरी अंक निकाला| 1970 की बात है, मैं आपकी उम्र का था| उनके आखरी पन्ने पर गाँव की सड़क की सुबह-सुबह की एक तस्वीर थी, ऐसी जगह जहाँ अगर आप शौकीन हैं तो आप खुद घूमने जाना चाहेंगे| उसके नीचे लिखा था: “भूखे रहिये| बेवकूफ रहिये|” ये उनका जाते-जाते आखरी पैगाम था| भूखे रहिये| बेवकूफ रहिये| और मैंने अपने लिए हमेशा ये ही कामना की है| और आज जब आप सब ग्रेजुएट हो कर एक नई शुरुआत कर रहे हैं, ये ही कामना मैं आपके लिए करता हूँ|

भूखे रहिये| बेवकूफ रहिये|

चिंताएं

एक बार एक आदमी था जो भगवान से हर समय उसे उसके दुःख-दर्द और चिंताओं से मुक्त कर देने के लिए प्रार्थना करता रहता था| लम्बे अंतराल के बाद भगवान् उसके सामने प्रकट हुए और पूछा कि वह क्या चाहता है| उसने भगवान से कहा कि उसकी ज़िन्दगी में बहुत से कष्ट और चिंताएं हैं और वह भगवान् से चाहता है कि वे उसे इन सब से मुक्त कर दें| भगवान ने उसे कहा कि कुछ दिनों में वो एक मेला लगा रहे हैं जहाँ उसके जैसी शिकायत वाले और भी लोग आएँगे और वहाँ मौजूद लोग एक दूसरे से अपनी तकलीफें बदल सकते हैं| आदमी बहुत खुश हो गया और बेसब्री से आने वाले मेले का इंतज़ार करने लगा| अगले हफ्ते उसे मेले में आने का निमंत्रण आया और उसने अपनी सारी चिताएं एक थैले में भरीं और वहाँ पहुँच गया|

वहाँ पहुँच कर वह देखने लगा कि किसकी चिंताओं का थैला उसके थैले से हल्का हो| मगर वह हैरान रह गया जब कई घंटे लगाने के बाद उसे एहसास हुआ कि उससे हल्का तो किसी का थैला नहीं था| शाम होते-होते तक उसे एहसास हो गया कि

उससे हल्का किसी का थैला नहीं था| तभी उसने देखा कि एक थका हुआ बूढ़ा आदमी दुखों का एक बहुत बड़ा थैला लिए उसकी ओर चला आ रहा है| वो उसके पास आया और बोला कि वो उससे अपना थैला बदलना चाहता है क्योंकि उसका थैला बहुत भारी है|

आदमी देख रहा था कि बूढ़ा सच कह रहा है| वो घबरा गया की बूढ़े की सारी परेशानियाँ उसके सर आ पड़ेंगी| वो घबरा कर पीछे हट गया और बूढ़े को मना कर दिया और घर की ओर निकल पड़ा| वो समझ गया था कि ऐसा कोई नहीं जिसकी परेशानियां उससे कम हों| बल्कि वह समझ गया था कि कई लोग ऐसे हैं जिनका दुःख उससे कई बड़ा है| जब वह मेले से बाहर निकल रहा था तो उसने देखा कि हर व्यक्ति अपना ही थैला लिए वापस जा रहा था| कोई नहीं था जिसने अपना थैला किसी दूसरे से बदला हो|

अपने सपने संजोयें

मेरा एक दोस्त है जिसका नाम मोंटी रोबर्ट्स है जो सैन य्सिर्दो में एक घोड़ों का फार्म चलाता है| उसने मुझे अपना घोड़ा खतरे में नवयुवक कार्यक्रम के लिए पैसे इकट्ठे करने के लिए दिया|

जब पिछ्ली बार मैं वहाँ था तब उसने लोगों से मुझे यह कहकर मिलवाया था कि, "मैं आपको बताना चाहता हूँ कि मैं क्यों जैक को अपना घोड़ा इस्तेमाल करने देता हूँ| बात उस कहानी से शुरू होती है जहाँ एक लड़का जो एक जाने माने घोड़ों के ट्रेनर का बेटा था; वो ट्रेनर जो फार्म से फार्म, रेस क्षेत्र से रेस क्षेत्र , अस्तबल से अस्तबल, घोड़ों को सिखाने के लिए घूमता रहता था| नतीजतन लड़के के स्कूल में लगातार रूकावट आती रहती थी| जब वह बड़ा हुआ तो उसे बड़ा होकर वह क्या बनना चाहता है विषय पर एक पेपर लिखने को कहा गया|

"उस रात उसने सात पन्नों का पेपर लिखा कि कैसे वह एक घोड़ों के अस्तबल का मालिक बनना चाहता है| उसने तफ्तीश से अपने सपने के बारे में सब बताया और एक 200 एकड़ फार्म

का नक्शा भी बनाया जिसमे उसने सारी इमारतों की जगह, फार्म, दौड़-क्षेत्र सबकी जगह बताई| फिर उसने 4000 वर्ग फुट के घर का नक्शा भी अच्छे से चित्र बना कर समझाया जो उस स्वपनीले 200 एकड़ फार्म का हिस्सा होगा|

"उसने पूरे मन से पूरा प्रोजेक्ट किया और अगले दिन अपनी टीचर को दिया| दो दिन बाद उसे उसका पेपर वापस मिला| पहले पन्ने पर लाल स्याही में एक बड़ा सा फेल लिखा हुआ था और साथ में एक नोट था जिसमे लिखा था "मुझे क्लास के बाद मिलो| '

"सपने से भरा वो लड़का क्लास के बाद अपनी टीचर से जा कर मिला और उनसे पूछा, "मुझे फेल क्यों किया गया?" टीचर ने कहा, "तुम्हारे जैसे छोटे बच्चे के लिए ये एक बहुत बड़ा सपना है| तुम्हारे पास कोई पैसे नहीं हैं| तुम एक गरीब परिवार से हो| तुम्हारे पास कुछ नहीं है| घोड़ों के अस्तबल के लिए बहुत पैसों की ज़रूरत होती है| तुम्हे ज़मीन खरीदनी होगी| तुम्हे शुरूआती घोड़ों को खरीदने के लिए पैसे चाहिए होंगे और बाद में भारी स्टड फीस देनी होगी| तुम ये सब किसी तरह भी नहीं कर सकते|" उन्होंने जोड़ा, "अगर तुम एक बार फिर ये पेपर लिखोगे और कोई हासिल होने वाले सपने के बारे में बात करोगे तो मैं तुम्हे बेहतर ग्रेड देने के बारे में सोचूंगी| '

लड़का घर गया और बहुत समय तक इस बारे में विचार करता रहा| उसने अपने पिता से पूछा कि उसे क्या करना चाहिए| उसके पिता ने कहा, "देखो, बेटा, तुम्हे इसके बारे में खुद ही सोचना होगा| लेकिन मुझे लगता है ये तुम्हारे लिए एक बेहद महत्वपूर्ण निर्णय होगा| ' "आखिरकार, एक हफ्ते तक सोचने के बाद, लड़के ने वही पेपर वापस वापस जमा किया बिना कोई बदलाव किये|

उसने कहा, 'आप अपनी दी हुई ग्रेड रख सकती हैं, मैं अपना सपना रखूँगा|"

मोंटी ने उपस्थित लोगों से कहा, "मैं आपको इसकी कहानी इसलिए सुना रहा हूँ क्योंकि आप मेरे 4000 वर्ग फीट घर में बैठे हुए हैं जो एक 200 एकड़ घोड़ों के फार्म का हिस्सा है| वो स्कूल का पेपर मैंने आज भी आग जलाने की जगह के ऊपर फ्रेम कर के लगा रखा है|" उसने आगे कहा, "सबसे अच्छी बात है कि मेरी वह टीचर दो गर्मियों पहले 30 बच्चों को एक हफ्ते के लिए मेरे फार्म पर कैम्पिंग करने ले कर आई थीं| जब वो जा रही थीं, तो उन्होंने कहा, "देखो, मोंटी, आज मैं तुम्हे बता सकती हूँ| जब मैं तुम्हारी टीचर थी, तब मैं सपने छीनने वाली हुआ करती थी| उन सालों में मैंने बहुत से बच्चों से उनके सपने

छीन लिए| आज ख़ुशी होती है देखकर कि तुमने अपने सपने नहीं छोड़े|"

"किसी को अपने सपने छीनने ना दें|

अपने दिल की सुनें, चाहे जो हो|"

एंड्रू कार्नेज की सफलता का कारण

उन्हें एक स्टील किंग कहा जाता था, मगर उन्हें स्टील बनाने के बारे में ज्यादा नहीं पता था| उनके पास सैंकड़ों मुलाज़िम काम करते थे जो उनसे कहीं ज़्यादा स्टील के बारे में जानते थे|

मगर उन्हें लोगों को संभालना आता था और इसी वजह से वे अमीर बने| जब वे दस साल के थे, उन्होंने खोजा कि लोग अपने नाम को बहुत अधिक एहमियत देते हैं| और उन्होंने इस खोज को लोगों का साथ जीतने के लिए इस्तेमाल किया| जब वह स्कॉटलैंड में छोटे थे, उन्होंने एक ख़रगोश लिया, एक मादा ख़रगोश जो माँ बनने वाली थी| जल्द ही उनके पास बहुत सारे छोटे-छोटे ख़रगोश के बच्चे हो गए पर उन्हें खिलाने के लिए कुछ नहीं था| मगर उन्हें एक कमाल का विचार आया| उन्होंने आस-पास के लड़के-लड़कियों से कहा कि वे अगर इन खरगोशों को खिलाने के लिए जा कर पास से लौंग और डैनडीलिओन लाएँगे, तो वो इनका नाम उनके नाम पर रख देंगे| प्लान जादू की तरह काम कर गया और कार्नेज यह कभी नहीं भूले| सालों

बाद, उन्होंने यह तरकीब अपने बिज़नस में लगाई और करोड़ों कमाए| जैसी कि, वे पेनसिलवेनिया रेलरोड को स्टील की रेलें बेचना चाह रहे थे| उस वक़्त पेनसिलवेनिया रेलरोड के अध्यक्ष श्री जे एड्गव थोमसन थे| इसलिए एंड्रू कार्नेज ने पित्तसबर्ग में एक बड़ी स्टील मिल खोली और उसका नाम रखा "एड्गव थोमसन स्टील वर्क्स|"

तो यहाँ है पहेली| देखें अगर आप बूझ सकें तो| जब पेनसिलवेनिया रेलरोड को स्टील रेलों की ज़रूरत पड़ी, तो क्या लगता है जे एड्गव थोमसन ने कहाँ से लिए होंगे?

अपनी चिंताओं को जाने दें!

एक मनोवैज्ञानिक कमरे में घूम कर वहाँ बैठे लोगों को अपनी चिंताओं पर काबू करने के बारे में सिखा रही थी| जब उसने पानी का एक गिलास उठाया तो लोगों ने सोचा वह पूछेगी वही सवाल की "गिलास आधा भरा हुआ है या खाली है"| मगर चेहरे पर एक मुस्कान के साथ, उसने पूछा: "ये पानी का गिलास कितना भारी है?"

जवाब आए 8 ग्राम से 20 ग्राम के बीच में|

उसने जवाब दिया "इसका असली वज़न मायने नहीं रखता| फ़र्क इससे पड़ता है कि मैं इसे कितनी देर पकडे रहती हूँ| अगर मुझे इसे एक मिनट पकड़ना है तो कोई मुश्किल नहीं है| अगर मुझे इसे एक घंटे पकड़ कर रखना पड़े, तो मेरा हाथ दुखने लगेगा| अगर मैं इसे एक दिन पकड़ कर रखूं, मेरा हाथ सुन्न पड़ जायेगा और पंगु हो जायेगा| हर हालत में गिलास के वज़न में फ़र्क नहीं आया, मगर जितनी ज्यादा देर मैंने इसे पकड़ कर रखा, उतना ये भारी होता गया|"

उसने आगे कहा, “ज़िन्दगी में आने वाली चिंताएं और दुःख भी इस पानी के गिलास की तरह हैं| इनके बारे में थोड़ी देर सोचिये और कुछ नहीं होगा| इनके बारे में कुछ ज़्यादा सोचेंगे तो ये दर्द पहुंचाने लगेंगे| और अगर आप इनके बारे में पूरे दिन सोचेंगे, तो ये आपको पंगु बना देंगे - कुछ करने के काबिल नहीं रहेंगे|”

ज़रुरी है यह याद रखना कि आपको अपनी चिंताओं को जाने देना है| शाम को जितना जल्दी हो सके, अपनी सभी चिंताओं को नीचे रख दें| उन्हें शाम से रात में ना ले जाएँ| गिलास को नीचे रखना याद रखिये!

असली इम्तेहान

सी आई ए में एक गुप्तघातक की जगह थी| सभी परिक्षण-निरिक्षण, इंटरव्यू और इम्तेहान के बाद तीन लोगों को आखरी चुनाव के लिए चुना गया|

दो आदमी और एक औरत|

आखरी इम्तेहान के लिए, सी आई ए एजेंट्स ने एक आदमी को लिया और उसे एक बड़े दरवाज़े के पास ले जाकर एक बन्दूक थमा दी|

“हमें जानना है कि तुम हर हाल में हमारे निर्देश मानोगे, चाहे जो परिस्तिथि हो|

अन्दर कमरे में एक कुर्सी पर तुम्हारी बीवी बैठी होगी, उसे मार डालो!!!” उस आदमी ने कहा, “आप मज़ाक कर रहे हैं| मैं अपनी बीवी को कभी नहीं मार सकता|” एजेंट ने कहा, “फिर तुम हमारे काम के लिए सही आदमी नहीं हो|” दुसरे आदमी को भी यही निर्देश दिए गए| वह बन्दूक लेकर अन्दर गया|

पांच मिनट तक सब शान्ति थी| फिर वह आदमी बाहर आया और आँखों में आंसू लिए बोला, “मैंने कोशिश की मगर मैं अपनी बीवी को नहीं मार सकता|”

एजेंट ने कहा, “तुममे वो नहीं है जिसकी हमे ज़रूरत है| अपनी बीवी को लेकर घर जाओ|”

आख़िरकार, औरत की बारी आई| गोलियों की आवाज़ आई, एक के बाद एक| उन्होंने चीखने, तोड़-फोड़, और दिवार पर पटके जाने की आवाजें भी सुनीं|

चंद मिनटों बाद सब शांत था| दरवाज़ा खुला और वह औरत वहाँ खड़ी थी|

उसने अपने माथे से पसीना पोंछते हुए कहा, “इस बन्दूक में नकली गोलियां भरी हुई हैं| मुझे उसे कुर्सी से पीट-पीट कर मारना पड़ा|”

प्यार और पागलपन

बहुत समय पहले, जब दुनिया की संरचना होने से और मनुष्यों के कदम रखने से पहले, अधर्म यहाँ घूम रहे थे और बोर हो रहे थे क्योंकि उन्हें क्या करें समझ नहीं आ रहा था|

एक दिन सारे अधर्म और धर्म इकट्ठे हुए और बहुत ज्यादा बोर हो रहे थे| अचानक, चतुर को एक आईडिया आया: "चलो लुक्का-छुपी खेलते हैं!"

सबको यह आईडिया पसंद आया और पागलपन चिल्लाई: "मैं गिनती गिनुंगी, मैं गिनती गिनुंगी!" और क्योंकि कोई भी पागलपन को ढूंढने के लिए पागल नहीं था, सबने हाँ कर दी|

पागलपन एक पेड़ के पास खड़े होकर गिनती गिनने लगी: "एक, दो, तीन"

जब पागलपन गिन रही थी, धर्म और अधर्म छुपने चले गए|

कोमलता ने खुद को चाँद के सींग पर टांग लिया|

कपट कचरे के ढेर में छुप गया|

स्नेह बादलों के बीच जा कर छुप गईऔर

जुनून धरती के बीच चला गया

झूठ ने कहा वो पत्थर के नीचे छुपेगा, मगर तालाब के नीचे जाकर छुप गया|

लालच एक बोरी में घुसा और उसे फाड़ दिया|

पागलपन गिनती रही: उन्यासी, अस्सी, इक्यासी|"

अब तक सारे धर्म और अधर्म छुप चुके थे - सिवाय प्यार के| जितना अनिश्चित प्यार है, वह तय ही नहीं कर पाया उसे कहाँ छुपना है| और हमे भी इससे आश्चर्य नहीं होना चाहिए, क्योंकि हम सब जानते हैं कि प्यार को छुपाना कितना मुश्किल होता है|

पागलपन: पचानवे, छयान्वे, सत्तानवे"

जैसे ही पागलपन सौ पर पहुंची, प्यार लपक कर गुलाब की झाड़ी में छुप गया|

पागलपन पलती और चिल्लाई: "मैं आ रही हूँ, मैं आ रही हूँ!"

पागलपन के पलटते ही आलस पकड़ी गई क्योंकि आलस में छुपने की ताकत नहीं थी| फिर उसे चाँद के सींग पर टंगी कोमलता दिख गई, तालाब के नीचे छिपा झूठ और धरती के

बीच में छिपा जुनून भी| एक-एक करके पागलपन को सब मिलते गए - सिवाय प्यार के|

प्यार के नहीं मिलने से पागलपन विचलित हो रही थी|

प्यार से जल कर, जलन ने पागलपन के कान में फुसफुसाया: "तुम्हे अब सिर्फ प्यार को ढूंढना है और प्यार गुलाब की झाड़ी में छिपा हुआ है|"

पागलपन ने एक कांटेदार पंजा उठाया और बेरहमी से गुलाब की झाड़ी में मारने लगी| पागलपन मारती रही, मारती रही जब तक की उसे एक दिल दहलाने वाली चीख ने रोक नहीं दिया|

प्यार गुलाब की झाड़ी से निकला, अपने हाथों में अपना चेहरा छुपाये हुए| उसकी उँगलियों के बीच से उसकी आँखों से निकलता हुआ खून बह रहा था|

प्यार को ढूँढने के अपने जोश में पागलपन ने पंजे से प्यार की आँखें फोड़ दी थीं| पागलपन चिल्लाई "ये मैंने क्या कर दिया! ये मैंने क्या कर दिया! मैंने तुम्हे अँधा कर दिया| अब मैं इसे कैसे ठीक करूँ?"

प्यार ने जवाब दिया: "तुम मेरी आँखें ठीक नहीं कर सकतीं| मगर अगर तुम चाहो तो तुम मेरी मदद कर सकती हूँ, मेरी मार्गदर्शक बन कर|"

इसलिए उस दिन से, प्यार अँधा है और हमेशा पागलपन के साथ पाया जाता है|

ये समय भी निकल जायेगा

एक अमीर बूढ़ा मरने वाला था; डॉक्टर कह चुके थे कि वह छः महीने से ज्यादा जिंदा नहीं रहेगा| अब इस बूढ़े आदमी के तीन बेटे थे| उसने उन्हें अपने पास बुलाया और उन तीनों के बीच अपनी जायदाद बराबर-बराबर बाँट दी| मगर अपने सबसे छोटे बेटे को उसने एक छोटी अंगूठी और भेंट की| उसने कहा, "क्योंकि तुम मेरे सबसे छोटे बेटे हो और तुम्हे औरों जितना तजुर्बा नहीं है मैं तुम्हे ये अंगूठी देता हूँ| जब भी कोई परेशानी हो, कोई कठिन परिस्तिथि हो, इस अंगूठी का इस्तेमाल करना| उससे पहले नहीं| और आखिर में, इस अंगूठी का ज़िक्र किसी से ना करना|"

सबसे छोटे बेटे ने वो अंगूठी ली, अपनी ऊँगली में पहनी और धीरे-धीरे उसके बारे में बिलकुल भूल गया| तीनों बेटों ने अपना-अपना व्यापार लगाया; सबसे छोटे ने जहाज का बिज़नस शुरू किया| एक बार, एक ही दिन में उसके दो जहाज डूब गए| नतीजतन, एक ही झटके में उसकी सारी दौलत चली गई और

वो सड़क पर आ गया| उसे अपना घर बेचना पड़ा और उसके दरवाज़े के बाहर लेनदारों की कतार के चलते वो सोचने लगा कि इस परेशानी से कैसे निकले| तभी उसे अपने पिता की सलाह याद आई| उसने अपनी अंगूठी निकाली और उसे देखा| उसने देखा की पत्थर के नीच कुछ लिखा हुआ था| वो तुरंत पत्थर को पॉलिश करने में लग गया ताकि वो पढ़ सके वहाँ क्या लिखा है| बहुत पॉलिश करने के बाद, उसने लगा कि इतना बारीक वो अपनी आँखों से नहीं पढ़ पायेगा| वो एक आवर्धक लेंस ले कर आया और ज़ोर देकर शब्द पढने लगा| जो उसने पढ़ा उससे उसकी ज़िन्दगी हमेशा के लिए बदलने वाली थी| वहाँ लिखा था, “मेरे बेटे, तसल्ली रखो, ये समय भी बीत जायेगा|” इस छोटे से वाक्य ने उसकी ज़िन्दगी बदल दी|

मुस्कुराते रहिये

पहले विश्व युद्ध के दौरान एक सैनिक के भय की सीमा नहीं रही जब उसने देखा उसका बचपन का दोस्त घायल हो गया है| एक ट्रेंच में फंसे हुए जहाँ सर के ऊपर गोलियों की बौछार हो रही थी, सैनिक ने अपने अफसर से पूछा कि क्या वह 'किसी की भी जगह नहीं' क्षेत्र की ट्रेंच में जा कर अपने गिरे हुए साथी को ला सकता है|

अफसर ने कहा, "'तुम जा सकते हो मगर मुझे नहीं लगता इसका कोई फायदा है| तुम्हारा दोस्त शायद अब तक मर चुका होगा और तुम यूँही अपनी जान जोखिम में डालोगे|"अफसर की बात नज़रंदाज़ कर, सैनिक फिर भी चल दिया| किस्मत अच्छी थी कि वो अपने दोस्त तक पहुँच गया, उसने उसे कंधे पर उठाया और अपनी कंपनी की ट्रेंच में ले आया| जैसे ही दोनों ट्रेंच में लुडके, अफसर ने घायल सैनिक की और देखा और फिर सहानुभूति से उसके दोस्त को|

“मैंने कहा था कोई फायदा नहीं है,” अफसर ने कहा| “तुम्हारा दोस्त मर चुका है और तुम बुरी तरह से घायल हो गए हो|”

“फायदा था,सर,” सैनिक ने जवाब दिया|

“क्या मतलब है; फायदा था?” अफसर ने पूछा| “तुम्हारा दोस्त मर चुका है|”

“हाँ, सर|” सैनिक ने जवाब दिया| “मगर फायदा इसलिए था क्योंकि जब मैं उसके पास पहुंचा, वह जिंदा था और मुझे ये सुनने की संतुष्टि मिली कि उसने कहा, “जिम, मैं जानता था तुम आओगे|”

ज़िन्दगी में कई बार, चाहे कोई चीज़ करने लायक हो या नहीं, इसपर निर्भर करता है कि आप उसके लिए क्या नज़रिया अपनाते हैं|

अपनी सारी हिम्मत जोड़ कर वो करें जो आपका दिल आपको करने को कहे ताकि जीवन में बाद में दुःख ना रहे कि उस वक़्त क्यों नहीं किया|

प्रार्थना करता हूँ कि आप में से हर किसी को सच्चे दोस्तों का साथ मिले| एक सच्चा दोस्त वो होता है जो तब अन्दर आता है, जब बाकि दुनिया निकल चुकी होती है| युद्ध नहीं बताता कौन सही है| युद्ध सिर्फ ये बताता है कि कौन बच गया है|

वो छोटा लड़का

जैसे ही सर्जन ऑपरेशन रूम से बाहर निकला सैली एकदम से खड़ी हो गई। उसने पूछा, "कैसा है मेरा नन्हा बेटा? क्या वो ठीक हो जाएगाी? मैं उससे कब मिल सकती हूँ?"

सर्जन ने कहा, " माफ़ कीजियेगा। हमने सब कोशिश की, मगर आपके बेटे को नहीं बचा सके।"

सैली ने कहा, "छोटे बच्चों को क्यों कैंसर होता है? क्या भगवान् को फ़िक्र नहीं? कहाँ थे, भगवान्, जब मेरे बेटे को आपकी ज़रूरत थी?"

सर्जन ने कहा, "क्या आप अपने बेटे के साथ कुछ वक़्त अकेले गुजारना चाहेंगी? कुछ ही देर में एक नर्स बाहर आ जाएगी, इससे पहले की इसे यूनिवर्सिटी ले जाया जाए।"

सैली ने नर्स को उसके साथ रुकने को कहा जब तक वह अपने बेटे को अलविदा कहे। उसने प्यार से उसके घने लाल बालों में उंगलियाँ फेरीं।

नर्स ने पूछा, "क्या आप उसके बालों की एक लट रखना चाहेंगी?"

सैली ने हाँ में गर्दन हिला दी| नर्स ने लड़के के बालों से एक गुच्चा काटा, एक थैली में डाला उर सैली को दे दिया| माँ ने कहा, "ये जिम्मी का आईडिया था कि उसके शरीर को यूनिवर्सिटी तो पढने के लिए दे दिया जाए| उसने कहा इससे शायद किसी की मदद हो जाए| "मैंने पहले मना कर दिया था; मगर जिम्मी ने कहा, 'माँ, मैं मरने के बाद इसे इस्तेमाल नहीं करूँगा| शायद इससे किसी और बच्चे को मदद मिल जाए और वो अपनी माँ के साथ एक और दिन बिता पाए| ' हमेशा दूसरों के बारे में सोचता था| हमेशा दूसरों की मदद करना चाहता था|"

छः महीनों से ज्यादा समय यंहा बिताने के बाद, सैली चिल्ड्रेन मर्सी हॉस्पिटल से आखरी बार बाहर निकली| उसने जिम्मी के सामान वाला बैग अपनी कार में अपनी बगल वाली सीट पर रखा| घर का रास्ता कठिन था| और उससे भी ज्यादा कठिन था एक खाली घर में लौटना| वो जिम्मी का सामान और थैली में उसके बालों का गुच्छा लिए जिम्मी के कमरे में आ गई| उसने उसकी कार और अन्य चीज़ें उसके कमरे में पहले की तरह लगा दीं| वो उसके पलंग पर लेट गई और उसके तकिये को पकड़ कर रोते-रोते सो गई|

आधी रात के करीबन सैली की आँख खुली| पलंग पर उसकी बगल में एक मोड़ा हुआ ख़त रखा था| उसमे लिखा था:

प्यारी माँ,

मैं जानता हूँ आप मुझे बहुत मिस करेंगी; मगर यह कभी मत सोचना कि मैं आपको भूल जाऊंगा, या आपको प्यार करना कम कर दूंगा, सिर्फ इसलिए कि मैं आपके पास नहीं हूँ आपको आय लव यू कहने के लिए| मैं हमेशा आपसे प्यार करूँगा, माँ, हर दिन और ज़्यादा| किसी दिन हम एक दूसरे को दुबारा ज़रुर देखेंगे| तब तक अगर आप कोई छोटा बच्चा गोद लेना चाहें ताकि आप अकेले ना रहें, तो ऐसा कर लेना| वो मेरा कमरा और मेरा सामान इस्तेमाल कर सकता है| मगर अगर आप एक लड़की गोद लेना चाहें, तो उसे शायद लड़कों वाली चीज़ें पसंद ना आयें| फिर आप जानती हैं न कि आपको उसके लिए गुडियाएँ और लड़कियों वाला सामान लाना होगा| मेरे बारे में सोच कर दुखी मत होना| ये बहुत अच्छी जगह है| जैसे ही मैं यहाँ आया मुझे दादा-दादी मिल गए और मुझे आस-पास घुमाया, मगर सब कुछ देखने में अभी समय लगेगा| फ़रिश्ते तो बहुत ही बढ़िया हैं| मुझे उन्हें उड़ते हुए देखना बहुत अच्छा लगता है| और जानती हो क्या? जीसस अपनी तस्वीरों जैसे बिलकुल नहीं दिखते| हाँ, जब मैंने उन्हें देखा, तो मैं देखते ही जान गया कि

ये वो हैं। जीसस खुद मुझे भगवान् दिखाने ले गए! और बूझो क्या, माँ? मैं भगवान् की गोद में बैठा और उनसे बात की, मानो मैं कोई ख़ास हूँ। तभी मैंने उनसे कहा कि मैं आपको चिट्ठी लिखना चाहता हूँ, आपको अलविदा कहना चाहता हूँ। मगर मैं पहले से ही जानता था कि मुझे इसकी इजाज़त नहीं। और जानती हो क्या, माँ? भगवान् ने मुझे एक पेपर और उनका अपना पेन दिया आपको चिट्ठी लिखने के लिए। मुझे लगता है गर्ब्रिएल नाम का फ़रिश्ता आपको ये चिट्ठी देने आएगा। भगवान् ने मुझे कहा कि मैं आपको इस सवाल का भी जवाब दूँ जो आपने पूछा था कि 'वो कहाँ थे जब मुझे उनकी ज़रूरत थी?' "भगवान् ने कहा कि वो वहीं थे जहाँ मैं था, जैसे कि वो तब भी वहाँ थे जब उनके बेटे जीसस के क्रॉस पर चढ़ाया जा रहा था, वो तब भी वहीं थे, जैसे कि वो अपने सभी बच्चों के साथ होते हैं।

और हाँ, माँ, आपके अलावा और कोई नहीं देख सकता जो मैंने आपको लिखा है। बाकियों के लिए ये सिर्फ एक खाली कागज़ का टुकड़ा है। कमाल है ना? अब मुझे भगवान् को उनका पेन वापस देना है। उन्हें जीवन की किताब में कुछ और नाम लिखने हैं। आज मुझे जीसस के साथ खाने की मेज़ पर बैठने का मौका मिलेगा। मुझे यकीन है खाना बहुत स्वादिष्ट होगा।

और हाँ, मैं तो कहना ही भूल गया। मुझे अब दर्द नहीं होता। कैंसर चला गया है। मैं खुश हूँ क्योंकि मुझसे अब और बर्दाश्त नहीं हो रहा था और भगवान् मुझे इतने दर्द में नहीं देख सकते थे। इसीलिए उन्होंने दया के फ़रिश्ते को मुझे लाने भेजा। फ़रिश्ते ने कहा कि मैं एक ख़ास बच्चा हूँ! है न कितने मज़े की बात?

प्यार सहित: भगवान्, जीसस और मैं।"

ज़िन्दगी वही है जो आप इसमें डालते हैं

एक पिता और बेटा पहाड़ों में सैर कर रहे थे| तभी बेटा गिर पड़ा और उसके चोट लग गई और वो ज़ोर-ज़ोर से रोने लगा "आआआआ!!!"

वो हैरानी हुई जब उसने अपने रोने की आवाज़ पहाड़ों से वापस आती सुनी "आआआआ!!!"

उत्सुक होकर उसने चिल्ला कर पूछा: "कौन हो तुम?" जवाब आया: "कौन हो तुम?" जवाब सुन कर वो क्रोधित हो गया, और चिल्लाया: "कायर!" तुरंत जवाब आया: "कायर!" उसने अपने पिता से पूछा: "ये क्या हो रहा है?" पिता ने मुस्कुराकर जवाब दिया: "मेरे बेटे, ध्यान से सुनो" और तब उसने पहाड़ों को ज़ोर से कहा: "मैं तुम्हारी सराहना करता हूँ!" आवाज़ आई: "मैं तुम्हारी सराहना करता हूँ!" पिता फिर चिल्लाए, "तुम एक चैंपियन हो!" जवाब आया: "तुम एक चैंपियन हो!" लड़का हैरान था मगर कुछ समझ नहीं पा रहा था| तब उसके पिता ने उसे कहा: "लोग इसे गूँज कहते हैं मगर असल में ये ज़िन्दगी है| वो तुम्हे वही सब

देती है जो तुम कहते और करते हो| हमारी ज़िन्दगी हमारी करनी का आइना है| अगर तुम दुनिया में और प्यार चाहते हो, तो अपने दिल में और प्यार पैदा करो| अगर अपनी टीम से अच्छा काम चाहते हो, अपना काम बेहतर करो| ज़िन्दगी तुम्हे वह सब देगी जो तुम उसे दोगे|"

नज़रिया

टीचर सात वर्षीय अर्नव को गणित पढ़ा रहीं थीं जब उसने उससे पूछा, " अगर मैं तुम्हे एक सेब दूँ, और एक सेब दूँ, और एक सेब दूँ, तो तुम्हारे पास कितने सेब हो जायेंगे?"

कुछ पल में अर्नव ने विश्वास से जवाब दिया, "चार!"

हैरान टीचर को लगा था वो बिना मुश्किल इसका सही जवाब, तीन, दे सकेगा|

वो निराश हो गई| "शायद बच्चे ने ठीक से सुना नहीं होगा," उसने सोचा| उसने दुबारा कहा, "अर्नव ध्यान से सुनो अगर मैं तुम्हे एक सेब दूँ, और एक सेब दूँ, और एक सेब दूँ, तो तुम्हारे पास कितने सेब हो जायेंगे?"

अर्नव अपनी टीचर की शक्ल पर निराशा देख चुका था| उसने दुबारा अपनी उँगलियों पर गिना| मगर अन्दर ही अन्दर वह उस जवाब को देना चाहता था जिससे टीचर खुश हो जाएँ| उसका मन सही जवाब नहीं तलाश रहा था, वो वह जवाब तलाश रहा

था जिसे सुनकर टीचर खुश हो जाए| इस बार कुछ हिचकिचाते हुए उसने जवाब दिया, “चार|”

टीचर की शक्ल पर अब भी निराशा थी| उन्हें याद आया कि अर्नव को स्ट्रॉबेरी पसंद है| उसने सोचा शायद अर्नव को सेब पसंद नहीं होंगे इसलिए वह ध्यान नहीं दे पा रहा है| इस बार बनावटी उत्साह और आँखों में चमक लिए उन्होंने पूछा, “अगर मैं तुम्हे एक स्ट्रॉबेरी दूँ, और एक स्ट्रॉबेरी दूँ, और एक स्ट्रॉबेरी दूँ, तो तुम्हारे पास कितनी स्ट्रॉबेरी हो जायेंगी?”

टीचर को खुश देख कर, नन्हे अर्नव ने एक बार फिर अपनी उँगलियों पर गिना|

उसके ऊपर कोई दबाव नहीं था, मगर टीचर पर था| वह चाहती थीं उनकी नई युक्ति काम आ जाए| हिचकिचाहट भरी मुस्कान के साथ नन्हे अर्नव ने पूछा,

“तीन?”

अब टीचर के चेहरे पर विजय की मुस्कान थी? उनकी युक्ति काम कर गई थी? वह खुद को बधाई देना चाहती थी| मगर अभी भी एक चीज़ बाकि थी| एक बार फिर उसने पूछा, “अब अगर मैं तुम्हे एक सेब दूँ, और एक सेब दूँ, और एक सेब दूँ, तो तुम्हारे पास कितने सेब हो जायेंगे?”

अर्नव ने तुरंत जवाब दिया, "चार!"

टीचर हैरान थी। "कैसे, अर्नव, कैसे?" उसने चिड कर गुस्से में पूछा।

धीमी और दुबकती आवाज़ में अर्नव ने कहा, "क्योंकि मेरे बैग में पहले से एक सेब है।"

सबक:

"अगर कोई आपको आपकी समझ से अलग जवाब देता है, तो यह मत समझिये वो ग़लत है। शायद ऐसी कोई बात हो जो आप नहीं समझ पा रहे हैं। आपको सुन कर समझना होगा, मगर कभी भी पहले से निर्णय बना कर नहीं सुनें। अधिकतर, हम दुसरे व्यक्ति का नज़रिया समझने की कोशिश नहीं करते और उन्हें ग़लत मान लेते हैं, मगर असलियत में हमे सिर्फ उसे समझाने का मौका देने की ज़रूरत होती है।

नई शुरुआत

महान अमरीकी आविष्कारक, थॉमस एडिसन इस बात के परिचायक हैं कि क्या हो सकता है अगर विपरीत परिस्तिथि में भी हम सकारात्मक पहलुओं पर गौर करें| जब एडिसन 67 वर्ष के थे तब देर रात लगी एक आग में इनकी कंपनी जल कर खाक हो गई और इनकी जीवनभर की मेहनत आग के धुएं में उड़ गई| हालात तब और बदतर हो गए जब एहसास हुआ कि कंपनी का इन्शुरन्स केवल ₹2,38,000 का था जबकि नुक्सान ₹2 करोड़ का!

अगले दिन एडिसन अपनी जली हुई ज़मीन का निरिक्षण कर रहे थे| दोस्त और परिवारवाले बूढ़े एडिसन के आसपास थे और उन्हें सहानुभूति दे रहे थे| एडिसन ने सभी आगंतुकों को अपने पास बुलाया और उनसे कहा:

“दोस्तों, ये एक बहुत बड़ा नुक्सान है|” जली हुई सीमेंट की बिल्डिंग की तरफ इशारा कर बोले, “देखो, हमारी सारी गलतियाँ

जल चुकी हैं। शुक्र है भगवान् का कि अब हम एक नई शुरुआत कर सकते हैं।”

ज़रा सोचिये, अगर एडिसन इस परिस्तिथि में सकारात्मक की जगह एक नकारात्मक नज़रिया रखते, तो वो इस आगजनी की घटना को सब छोड़ देने का बहाना बना सकते थे और फिर दुनिया उनके कुछ महान अविष्कारों से अनजानी रह जाती।

उन्हें याद रखें जिन्होंने आपका साथ दिया है

उन दिनों की बात है जब एक आइसक्रीम सन्डे भी अब से बहुत कम में आ जाती थी| एक दस साल का लड़का एक होटल की कॉफ़ी शॉप में गया और एक टेबल पर जा कर बैठ गया| एक महिला वेटर ने उसके आगे पानी का एक गिलास ला कर रख दिया| "एक आइसक्रीम सन्डे कितने की है?" उसने पूछा| "50₹ की, महिला ने जवाब दिया|

बच्चे ने अपनी जेब से अपना हाथ निकाला और अपने पैसे गिनने लगा|

"अच्छा, एक सादी आइसक्रीम कितने की आएगी?" उसने पूछा| अब तक और लोग भी होटल में आ चुके थे और खाली टेबल का इंतज़ार कर रहे थे| और महिला वेटर भी अब अपना संयम खो रही थी| "₹35 की," उसने रुखाई से कहा|

बच्चे ने फिर से अपने सिक्के गिने और कहा, "मैं एक सादी आइसक्रीम लूँगा|" महिला ने आइसक्रीम लाकर रखी और साथ

ही बिल रख कर वहाँ से चली गई| लड़के ने आइसक्रीम खाई, पैसे दिए और चला गया|

जब महिला टेबल पोंछने वापस आई तो उसकी आँखों से आंसू बह चले| वहाँ, खाली प्लेट के पास ₹15 रखे थे| वो लड़का आइसक्रीम सन्डे खा सकता था, मगर उसने केवल इसलिए नहीं खाई ताकि वह महिला के लिए टिप छोड़ सके|

मानसिक रोगी बच्चे

जब मैं इंडिआना रीटाडिड बच्चों की संस्थान में भाषण देने गया, तो मुझे एहसास हुआ कि वहाँ पर आए ज़्यादातर लोग या तो मानसिक रोगी बच्चों के माता-पिता थे या उनके शिक्षक और वो बच्चों के साथ होते बर्ताव को लेकर बेहद संवेदनशील थे, इसलिए मैंने उनसे कहा:

“देवियों और सज्जनों, मिशिगन में हम हमारे विद्‌यालयों में मानसिक रोगी बच्चों को साधारण बच्चों के साथ एक ही कक्षा में मिलकर पढाना शुरू कर रहे हैं, और हाल ही में हमने यह तरीका छटी कक्षा में लागू किया| आधी छुट्टी का समय था और एक बच्चे ने दूसरे से कहा, “आओ, टेरेसा, चलें| एलिज़ाबेथ की चिंता मत करो, वो तो पागल है|”

जब वो चले गए, तब एलिज़ाबेथ जो मानसिक रोगी थी मगर बहरी नहीं, धीरे से उठ कर अपनी कक्षा तक गई और टीचर से पूछा, “मिस ब्राउनिंग, क्या मैं पागल हूँ?”

मिस ब्राउनिंग ने उसकी बात सुन कर एक मीठी मुस्कान दी और एलिज़ाबेथ का हाथ पकड़ कर कहा, “हाँ, एलिज़ाबेथ, तुम पागल हो|” एक पल ठहर कर उन्होंने कहा, “और एलिज़ाबेथ, मैं भी पागल हूँ, हर कोई पागल है क्योंकि भगवान् ने किसी को भी बिलकुल ठीक नहीं बनाया है| मगर एलिज़ाबेथ, कोई भी उनसे ज्यादा पागल नहीं है जो ये बात समझ सकते हैं पर समझना नहीं चाहते|”

ऊँट का बच्चा और उसकी माँ

एक ऊंटनी और उसका बच्चा लेटे हुए थे की अचानक बच्चे ने पूछा, “माँ, एक सवाल पूछूँ?” माँ ने कहा, “ज़रूर! क्या हुआ बेटा? क्या कोई बात तुम्हे लग रही है?” बच्चे ने कहा, “ऊँटों के कूबड़ क्यों होता है?” माँ ने कहा, “बेटा, हम रेगिस्तान के जानवर हैं, हमे कूबड़ पानी इकठ्ठा करने के लिए चाहिए होता है और हमे पानी के बिना रह पाने के लिए जाना जाता है|” बच्चे ने कहा, “अच्छा, फिर क्यों हमारे पैर इतने लम्बे और पंजे गोल हैं?” माँ ने कहा, “ताकि बेटा, हम रेगिस्तान में चल सकें|” जानते हो ऐसे पैरों के साथ हम और किसी के मुकाबले रेगिस्तान में जल्दी-जल्दी चल सकते हैं!” बच्चे ने कहा, “ तो हमारी पलकें क्यों इतनी लम्बी होती हैं? कभी-कभी इनसे मुझे देखने में तकलीफ होती है|” माँ ने गर्व से कहा, “ बेटा, ये लम्बी पलकें हमारी आँखों की सुरक्षा के लिए हैं ताकि रेगिस्तान की आंधी और धूल हमारी आँखों में ना पड़ती रहे|” बच्चे ने कुछ सोच कर कहा, “अच्छा| तो कूबड़ रेगिस्तान में पानी रखने के लिए है, पैर रेगिस्तान में चलने के लिए हैं और ये पलकें रेगिस्तान में मेरी

आँखें बचाने के लिए हैं तो फिर भगवान् के नाम पर हम यहाँ इस चिड़ियाघर में क्या कर रहे हैं?!?”

सबक:

कौशल, ज्ञान, गुण और तजुर्बा तभी काम आता है जब हम सही जगह पर हों|

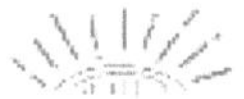

जीवन के बाद – नर्क या स्वर्ग

एक आदमी और उसका कुत्ता सड़क पर टहल रहे थे| आदमी नज़ारे का आनंद ले रहा था जब अचानक उसे एहसास हुआ कि वह तो मर चुका है|

उसे याद आया कि उसकी तो मौत हो चुकी है और उसका कुत्ता जो उसके साथ था वह भी कई सालों पहले मर चुका है| वह सोच में पड़ गया कि फिर आखिर यह सड़क उसे कहाँ ले जा रही है|

चलते-चलते वे सड़क के किनारे एक ऊँची, सफ़ेद पत्थर की दीवार के पास पहुँच गए| वो बेहतरीन संगमरमर की दीवार नज़र आ रही थी| एक ऊँची चोटी से जा कर वह एक गुम्बद तक जा रही थी जो सूरज के उजाले में दमक रहा था|

जब वह उसके सामने जा कर खड़ा हुआ, तो उसने देखा कि वहाँ का ख़ूबसूरत बड़ा दरवाज़ा ऐसा लगता था मानो सीपियों का बना हुआ हो और वहाँ तक जाने वाली सड़क सोने की|

आदमी और उसका कुत्ता आगे बढ़े तो देखा दरवाज़े के एक ओर एक आदमी टेबल कुर्सी लगाये बैठा है| जब वे पास पहुंचे तो उसने पुकारा, "माफ़ कीजियेगा, ये क्या जगह है?"

आदमी ने जवाब दिया, "ये स्वर्ग है, सर|"

"वाह! क्या आपके पास पानी मिलेगा?" आदमी ने पूछा|

"बिलकुल, सर, अन्दर आइये| मैं अभी ठन्डे पानी का इंतज़ाम करता हूँ|"

दरवाज़े वाले आदमी ने इशारा किया और दरवाज़ा खुल गया|

आदमी ने अपने कुत्ते की और इशारा कर के पूछा, "क्या मेरा दोस्त भी अन्दर आ सकता है?"

"माफ़ कीजियेगा, सर, मगर जानवरों को यहाँ अनुमति नहीं है|"

आदमी पलटा और जिस रास्ते आया था, अपने कुत्ते के साथ उसी रास्ते चल पड़ा|

काफी दूर चलने के बाद वो एक और ऊँची पहाड़ी के पास पहुंचे| वहाँ से एक कच्ची सड़क एक फार्म के बड़े दरवाज़े तक जा रही थी जो ऐसा जान पड़ता था मानो कभी बंद ही ना हुआ हो|

दरवाज़े के पास उसे एक आदमी दिखा जो एक पेड़ के सहारे बैठ कर किताब पढ़ रहा था|

आदमी ने पाठक को आवाज़ लगाई, “माफ़ कीजियेगा! क्या पानी मिलेगा?”

उस आदमी ने एक और इशारा किया जो बाहर से हमारे आदमी को नहीं दिखा कहाँ, पर उसने कहा, “हाँ, ज़रूर, वहाँ पंप लगा हुआ है| अन्दर आ जाओ|”

आदमी ने अपने कुत्ते की और इशारा करते हुए पूछा, “मेरे दोस्त को भी इजाज़त है?”

“पंप की बगल में एक बर्तन होगा|” दोनों दरवाज़े से दाखिल हो कर अन्दर पहुंचे और वाकई वहाँ पर एक पुराना पंप और एक बर्तन था|

मुसाफिर ने बर्तन भर कर पानी पिया, फिर अपने कुत्ते को दिया|

जब दोनों की प्यास बुझ चुकी थी तो दोनों वापस दरवाज़े वाले आदमी के पास आ गए जो पेड़ के पास उनका इंतज़ार कर रहा था|

“ये क्या जगह है?” मुसाफिर ने पूछा|

जवाब आया, “ये स्वर्ग है|”

मुसाफिर ने कहा, “मैं कुछ हैरान हूँ| सड़क पर पहले भी एक जगह थी जिसके लिए वहाँ वाले आदमी ने कहा वह स्वर्ग है|”

“ओह, आपका मतलब वो सीपियों वाला दरवाज़ा और सोने की सड़क? वो नर्क है|”

“आपको गुस्सा नहीं आता कि वे आपके नाम का ग़लत इस्तेमाल कर रहे हैं?”

“नहीं, पर मैं समझ रहा हूँ आप क्या सोच रहे हैं, मगर हम बस खुश हैं कि वे हमारे लिए छटनी कर देते हैं और ऐसे लोग हम तक नहीं आते जो अपने दोस्तों को पीछे छोड़ आएँगे|”

सलाहकार

एक बार एक गढ़रिया दूर एक चारागाह में अपनी भेड़ें चरा रहा था जब अचानक धूल के बादलों से होती उसके पास एक नई चमचमाती बी एम् डब्लयू कार आकर रुकी| कार का चालक, एक नौजवान बरोनी सूट में तैयार, गुची के जूते, रेबैन का धूप का चश्मा और वाई एस एल की टाई पहने, कार की खिड़की से झाँक के बोला, "अगर मैं तुम्हे बताऊँ कि तुम्हारे पास कितनी भेड़ें हैं, तो क्या तुम मुझे एक दोगे?" चरवाहे ने उसकी और देखा और फिर अपनी भेड़ों की और और कहा, "ज़रूर"|

नौजवान ने अपनी कार खड़ी करी, अपनी कॉपी निकाली और उसे अपने फ़ोन से जोड़ा, फिर उसने नासा का पेज निकाला इन्टरनेट से जहाँ उसने जी पी एस सॅटॅलाइट सिस्टम से उस क्षेत्र को देखा, एक डेटाबेस खोला और एक्सेल की एक फाइल खोली जिसमे गणित के कठिन फोर्मुले थे| उसने अपने ब्लैकबेरी फ़ोन पर एक मेल भेजी और चंद मिनटों में ही उसे जवाब मिल गया| आखिरकार, उसने अपने हाई टेक छोटे प्रिंटर पर 150 पेज का प्रिंटआउट निकाला और कहा, "तुम्हारे पास 1586 भेड़ें हैं|"

“बिलकुल सही| इसमें से एक भेड़ ले जाओ,” चरवाहे ने कहा| उसके देखते-देखते उस नौजवान ने एक भेड़ चुनी और अपनी कार में रख ली|

फिर चरवाहे ने कहा: “अगर मैं बताऊँ कि तुम क्या काम करते हो, तो क्या मुझे मेरी भेड़ वापस दे दोगे?”

“हाँ, क्यों नहीं,” नौजवान ने कहा|

“साफ़ है कि तुम एक कंसलटेंट हो,” चरवाहे ने कहा|

“सही कहा, मगर तुम्हे कैसे पता चला?” नौजवान ने पूछा|

“ऐसा है कि तुम बिन बुलाये यहाँ आ गए| तुम उस सवाल के जवाब के लिए पैसे चाहते हो जो मुझे पहले से पता है, और वो सवाल भी मैंने पूछा नहीं था और तुम मेरे काम के बारे में कुछ जानते नहीं हो|”

गुस्से पर काबू

एक बार एक लड़का था जो गुणी, कलाकार, दिखने में अच्छा और बहुत बुद्धिमान था। एक स्वाभाविक नेता। ऐसा कोई जिसे हर कोई अपनी टीम में चाहता था। मगर वह बहुत स्वार्थी और गुस्सैल भी था। जब उसे गुस्सा आता, वह बहुत ख़राब चीज़ें बोलता और करता। इतना कि उसके आसपास कौन है इसका भी लिहाज़ नहीं रखता था। अपने दोस्तों का भी नहीं। इसलिए उसके दोस्त भी कम थे। "मगर इसका अर्थ है कि वे मूर्ख हैं," वह खुद से कहता।

जैसे-जैसे वह बड़ा होने लगा उसके माता-पिता को उसके व्यवहार से चिंता होने लगी और वे सोच में पड़ गए कि क्या करें। आख़िरकार, उसके पिता को एक तरकीब सूझी। और उन्होंने अपने बेटे से एक सौदा किया। उन्होंने उसे कीलों का एक थैला और एक बड़ा सा हथोड़ा दिया। उन्होंने कहा, "मैं चाहता हूँ कि जब भी तुम्हे गुस्सा आए तुम उसे बाहर निकालो। जब गुस्सा आए तो पीछे बाड़ के लकड़ी के फट्टे पर पूरी ताकत से एक कील गाड़ देना!"

वो मोटी लकड़ी के फट्टे मौसम की मार झेल-झेल कर लोहे से सख्त हो चुके थे, और हथोड़ा भारी था, इसलिए ये काम इतना आसान नहीं था जितना जान पड़ रहा था| मगर फिर भी, एक दिन के अंत तक लड़के ने उसमे 37 कीलें गाड़ दीं थीं (ये निश्चित ही एक गुस्सैल लड़का था!)| धीरे-धीरे, कुछ हफ्ते बीत जाने पर ये संख्या घट गई| उसे अपने गुस्से पर काबू आने लगा क्योंकि बाड़ में कील गाड़ना मुश्किल काम था! फिर एक दिन आया जिस दिन लड़के ने एक बार भी गुस्सा नहीं किया| उसने गर्व से जाकर अपने माता-पिता को ये बात बताई|

पिता ने कहा, "तुम्हारी कामयाबी के लिए तुम एक कील निकाल सकते हो| ये तुम हर उस दिन कर सकते हो जिस दिन तुम गुस्सा नहीं करोगे|"

कई हफ्ते बीत गए| आखिरकार, एक दिन लड़के ने आकर गर्व से बताया कि अब फट्टे में एक भी कील बाकि नहीं है|

पिता ने उससे उनके साथ बाड़ देखने चलने को कहा| उन्होंने कहा, "तुमने बहुत अच्छा काम किया है बेटे| मगर मैं चाहता हूँ तुम वो छेद देखो जो रह गए हैं| अब चाहे जो हो जाए, बाड़ कभी पहले जैसी नहीं होगी| गुस्से में कही और करी बातें भी ऐसे ही निशान छोड़ जाती हैं| दाग हमेशा रह जाता है| अब तुम कितनी भी दफा माफ़ी मांगो, कितने भी साल बीत जाएँ, दाग

रह जाते हैं| और बातों की चोट भी हाथों की चोट जितना ही दर्द देती है| लोग इस बाड़ से ज़्यादा कीमती हैं| वो हमारी मुस्कान, हमारी कामयाबी का कारण बनते हैं| कुछ हमारे दोस्त बन कर हमारी खुशियों और दुःख में हमारे साथ होते हैं| इसका अर्थ है हमे सबको प्यार और इज्ज़त से रखना चाहिए| हमे कम से कम दाग देने हैं|"

कितना ज़रूरी सबक, है ना? और एक बात जो हम सबको बार-बार याद रखनी चाहिए| सबको कभी न कभी गुस्सा आता है| असली इम्तेहान वह है कि हम उसका क्या करते हैं|

अगर हम समझदार हैं तो हम अपना समय पुल बनाने में लगायेंगे ना कि बाड़ें|

ईंट की चोट

दस साल पहले एक जवान और कामयाब प्रबंधक, जिसका नाम जोश था, शिकागो की सड़कों पर घूम रहा था| वो अपनी सुन्दर, 12 सिलिंडर वाली जैगुआर कार कुछ तेज़ चला रहा था, जो केवल दो महीने पुरानी थी| वह कारों के बीच में से दौड़ कर आते बच्चों पर नज़र रख रहा था और ऐसा कुछ दिखते ही अपनी कार धीरे कर देता|

एक जगह से जब वह गुज़रा, तो कोई बच्चा नहीं मगर एक ईंट कहीं से आई और धम!- उसकी कार का चमकता काला दरवाज़ा तोड़ दिया! उसने तेज़ी से ब्रेक लगाए, गियर खींचा और घुमा कर कार उस जगह ले आया जहाँ से ईंट आई थी| जोश कार से निकला, उस बच्चे को पकड़ा और वहाँ खड़ी एक गाड़ी के साथ लगा कर उसपर चीखा, “ये क्या किया तुमने? कौन हो तुम? कर क्या रहे थे?”

गुस्से में वह बोलता गया, “ये मेरी नई जैगुआर कार है, वो ईंट जो तुमने फेंक तुम्हे बहुत महँगी पड़ेगी| क्यों फेंक तुमने?”

बच्चे ने मिन्नत की, "प्लीज़, सर, प्लीज़मुझे माफ़ कर दीजिये| मैं नहीं जानता था और मैं क्या करूँ?"

रोते-रोते उसने आस-पास हाथ दिखा कर कहा, "मैंने ईंट फेंक क्योंकि कोई रुक नहीं रहा था|"

उसने कहा, "मेरा भाई| वो अपने व्हील चेयर से लुड़क कर सड़क पर गिर गया है और मैं उसे उठा नहीं पा रहा हूँ|"

रोते हुए लड़के ने प्रबंधक से पूछा, "क्या आप उसे वापस व्हील चेयर में बिठाने में मेरी मदद कर सकते हैं? उसे चोट लगी है और मेरे उठाने के लिए वह बहुत भारी है|"

बच्चे की बात सुन कर नौजवान स्तब्ध रह गया| किसी तरह से उसने अपने गले में बनते आंसू को पिया| उसने किसी तरह से उस गिरे हुए आदमी को उठाया और फिर अपने रुमाल से उसकी चोटों को साफ़ किया, और देखा कि वह सब तरह से ठीक है या नहीं| वो देखता रहा कैसे उसका छोटा भाई उसे धक्का देते हुए घर की तरफ ले जा रहा था|

उसकी चमकीली, काली, 12 सिलिंडरों वाली जैगुआर तक का सफ़र बहुत लम्बा था–लम्बा और धीमा|

जोश ने वो दरवाज़ा कभी ठीक नहीं कराया| उसने वो टूटा दरवाज़ा रखा ताकि वह उसे याद दिलाता रह सके कि उसे

ज़िन्दगी में इतना तेज़ कभी नहीं जाना है कि किसी को उसका ध्यान खींचने के लिए ईंट मारनी पड़े|

बिस्किट चोर

एक रात एक हवाईअड्डे पर एक महिला इंतज़ार कर रही थी। उसका विमान आने में अभी वक़्त था। उसने वहाँ मौजूद किताबों की दूकान से एक किताब ली, बिस्किट का एक पैकेट लिया और अपने बैठने के लिए एक जगह तलाश कर के बैठ गई।

वो अपनी किताब पढने में मशगूल थी कि उसने देखा कि उसके सामने बैठा आदमी, बड़ी बेबाकी सेबीच में रखे पैकेट में से निकाल कर बिस्किट खा रहा था। शुरू में उसने नज़रंदाज़ करने की कोशिश की क्योंकि वह कोई तमाशा नहीं करना चाहती थी।

तो वो बिस्किट खाती गई और घड़ी देखती गई, और वह बहादुर बिस्किट चोर उसके बिस्किट खाता गया। समय बीतते उसका संयम जवाब देने लगा, और उसने सोचा, "अगर मैं इतनी अच्छी नहीं होती तो अभी इसकी आँख फोड़ चुकी होती।"

ये एक बिस्किट लेती, तो वह भी एक लेता, जब तक की सिर्फ एक नहीं बच गया था। लड़की सोचने लगी कि देखें अब यह

क्या करता है| आदमी ने मुस्कुराकर, झेंपी हँसी के साथ वो आखरी बिस्किट उठाया और उसे आधा कर लिया|

उसने आधा उस महिला को दिया और आधा खा लिया| महिला ने उससे अपना हिस्सा छीन कर लिया ओर सोचा ओह हो| कितना घमंडी और बदतमीज़ आदमी है ये, शुक्रिया भी नहीं कहा!

उसे याद नहीं आ रहा था कि आखरी बार उसे कब इतना गुस्सा आया था| उसने चैन की सांस ली जब उसके विमान के लिए बुलावा बज उठा| उसने अपना समान उठाया और बिना उस आदमी की ओर देखे गेट की और चल पड़ी|

वह विमान में चढ़ी और अपनी सीट पर बैठ गई| उसने अपनी किताब निकालने के लिए अपने बैग में हाथ डाला तो वह हैरान रह गई, वहाँ अन्दर उसके बिस्किट का थैला रखा था, उसकी आँखों के सामने|

अगर मेरे यहाँ हैं, तो वो उसके थे, जो वो मुझसे बाँट रहा था, उसने मायूसी से सोचा| माफ़ी मांगने के लिए देर हो चुकी थी| उसने दुःख से सोचा कि असल में लालची और बदतमीज़ चोर वह थी|

ज़िम्मेदार

तीन टर्म न्यू यॉर्क के मेयर (1933-1945) रहे फिओरेल्लो ला गार्डिया एक खुशमिजाज़ आदमी थे जिन्हें नाटकों का शौक था| उनका यह किस्सा है:

जैसा वो अक्सर किया करते थे, एक दिन उन्होंने पुलिस कोर्ट जज की जगह ली| बेहद सर्दी थी| एक कंपकंपाता हुआ बूढ़ा आदमी उनके सामने पेश किया गया| उस पर इलज़ाम: उसने एक बेकरी से एक डबल रोटी उठाई थी|

उसने वजह यह बताई थी कि उसका परिवार भूखा था|

ला गार्डिया ने कहा, "तुम्हे सज़ा तो देनी होगी| कानून के तहत सब बराबर हैं| तुम पर दस डॉलर का जुर्माना किया जाता है|"

फिर उन्होंने अपनी जेब में हाथ डाला और एक दस डॉलर का नोट निकाला और कहा: 'ये दस डॉलर तुम्हारे जुर्माने के| और अब कोर्ट में मौजूद हर व्यक्ति पर मैं 50 सेंट का जुर्माना लगाता हूँ - ऐसे शहर में रहने के लिए जहाँ लोगों को जिंदा

रहने के लिए डबल रोटी चुरानी पड़ती हो - सार्जेंट, सबसे पैसे इकट्ठे कर के इस मुलजिम को दे दो। '

वह अवाक बूढ़ा आदमी जब कोर्ट से निकला, उसके पास 47 डॉलर और 50 सेंट थे।

क्या हम भी सज़ा के हक़दार नहीं है, हम जिनकी पास सब कुछ है, और हम एक ऐसे गृह पर रहते हैं जहाँ हज़ारों बच्चे हर साल भूख से मर जाते हैं?

हाथी की रस्सी

एक बार एक आदमी हाथियों के पास से गुज़र रहा था कि वो ये देख कर हैरान हो कर रुक गया कि इतने बड़े जानवरों को बाँधने के लिए उनके अगले पैर में एक छोटी सी रस्सी बाँधी हुई थी| कोई चेन नहीं, कोई पिंजरे नहीं| ये स्वाभाविक दिख रहा था कि ये हाथी जब चाहें जब ये रस्सी तोड़ कर भाग सकते थे, मगर कुछ कारण था कि वे ये बंधन तोड़ने का प्रयास नहीं कर रहे थे|

उसने वहाँ खड़े हाथियों के प्रशिक्षक से पूछा कि ये जानवर खड़े क्यों रहते हैं और क्यों भागने का प्रयास नहीं करते| प्रशिक्षक ने कहा, “जब से ये बहुत छोटे थे तभी से हम इन्हें इस रस्सी के साथ बाँध कर रखते थे और उस उम्र के लिए वह काफी थी| जैसे-जैसे वो बड़े होते गए उनके दिमाग में बैठ गया कि वे इससे नहीं निकल सकते| उन्हें लगता है रस्सी अभी भी उन्हें बाँध सकती है, इसलिए वो कभी भागने की कोशिश करते ही नहीं हैं|”

आदमी हैरान था| ये जानवर कभी भी इस बंधन से निकल कर आज़ाद हो सकते थे मगर वे सिर्फ इसलिए यहाँ फंसे हुए हैं क्योंकि उन्हें लगता है कि वे आज़ाद नहीं हो सकते|

इन हाथियों की तरह ही जाने हम में से कितने हैं जो ज़िन्दगी में किसी परिस्तिथि से इसलिए जूझ रहे हैं क्योंकि एक बार उसमे विफल हो जाने के बाद से हमारे मन में यह बात घर कर गई है कि हम इससे आज़ाद नहीं हो सकते?

असफलता सीखने का एक हिस्सा है, जीवन में कभी कोशिश करना नहीं छोड़ना चाहिए|

असली शान्ति

एक बार एक राजा था जिसने घोषित किया कि जो कलाकार शान्ति का सबसे अच्छा चित्र बनाएगा उसे ईनाम दिया जायेगा| कई कलाकारों ने कोशिश की| राजा ने सभी चित्र देखे मगर अंत में दो उन्हें सबसे ज़्यादा पसंद आए जिनमे से उन्हें एक चुनना था|

एक तस्वीर एक शांत सरोवर की थी| उस सरीवर में आस-पास के शांत पहाड़ों की झलक दिख रही थी| ऊपर नीला आसमान और रुई से बादल थे| जिसने भी यह चित्र देखा उसने माना कि यह शान्ति की उचित तस्वीर है| दूसरे चित्र में भी पहाड़ थे मगर वो कठोर और सूखे थे| ऊपर नाराज़ आसमान था जिससे बारिश हो रही थी और बिजली चमक रही थी| पहाड़ के पास से उफनता हुआ झरना बह रहा था| यह कहीं से शान्ति का चित्र नहीं लग रहा था| मगर जब राजा ने गहराई से देखा तो झरने के पीछे चट्टनों के बीच से एक झाड़ी निकल रही थी| उस झाड़ी में एक चिड़िया ने अपना घौंसला बना रखा था| उस गुस्से में बहते पानी

के बीच, वो मादा चिड़िया अपने घोंसले में बैठी हुई थी–शान्ति से|

क्या लगता है आपको कौन से चित्र को ईनाम मिला होगा?

राजा ने दूसरा चित्र चुना| जाने हैं क्यों? "क्योंकि" राजा ने समझाया, "शान्ति का मतलब ऐसी जगह नहीं जहाँ शोर, मुश्किल और काम ना हो| शान्ति का अर्थ है इन सबके बीच में रहते हुए भी मन में शान्ति होना|"

ये ही है शांति का असली अर्थ|

आखरी हेलीकॉप्टर

कल सीएटल शहर के ऊपर एक हेलीकॉप्टर उड़ रहा था जब उसके इंजन ने काम करना बंद कर दिया| हेलीकॉप्टर का रास्ता बताने का यंत्र, बात करने का यंत्र सब ख़राब हो गए| बादल और धुंध के चलते, पायलट को दिखाई नहीं दे रहा था कि हेलीकॉप्टर कहाँ है और उसे हवाईअड्डे तक कहाँ से ले जाया जा सकता है|

पायलट को एक ऊँची बिल्डिंग दिखी और वह उसकी तरफ उड़ चला| वह उसके करीब गोल-गोल घूमता रहा और हाथ से लिखा हुआ एक साइन बनाया और हेलीकॉप्टर की खिड़की से पकड़ कर रखा| उसमें बड़े-बड़े अक्षरों में लिखा था “मैं कहाँ हूँ?” ऊँची बिल्डिंग के लोगों ने तुरंत एक साइन बना कर बिल्डिंग की खिड़की से बाहर निकाला|

उसपर लिखा था “तुम सीएटल के ऊपर एक हेलीकॉप्टर में हो|” पायलट मुस्कुराया, हाथ हिला कर शुक्रिया किया, मैप में देखा

और सीएटल हवाईअड्डे का रास्ता खोज कर सुरक्षित हेलीकॉप्टर नीचे ले आया।

नीचे उतरने के बाद उसके साथी पायलट ने पूछा कि कैसे "तुम एक हेलीकॉप्टर में हो" साइन से तुमने अपनी जगह समझ ली?

पायलट ने कहा, "मैं समझ गया था कि ये ज़रूर माइक्रोसॉफ्ट की बिल्डिंग होगी क्योंकि उनकी हेल्पलाइन की तरह इन्होने भी मुझे तकनीकी रूप से सही मगर बिलकुल व्यर्थ जवाब दिया था।

खोई हुई घड़ी

एक बार एक किसान था जिसे पता चला कि वह अपनी घड़ी कोठार में गुमा चुका है| ये कोई आम घड़ी नहीं थी क्योंकि इस की उसके लिए भावनात्मक ख़ासियत थी|

बहुत खोजबीन के बाद भी घड़ी नहीं मिली; तो उसने हार मान ली और कोठार के बाहर खेलते बच्चों की मदद लेने की सोची|

उसने कहा कि जो भी घड़ी ढूंढ के देगा उसे ईनाम मिलेगा|

यह सुनते ही बच्चों ने अन्दर दौड़ लगाई और सूखी घास की ढेरियों के आस-पास सब जगह देखा मगर घड़ी कहीं नहीं मिली| बस जब किसान हार मान कर अपनी खोज बंद करने ही वाला था तो एक छोटा लड़का उसके पास आया और उससे एक और मौका देने को कहा|

किसान ने उसकी ओर देखा और सोचा, "क्यों नहीं? बच्चा नेक लगता है|"

किसान ने लड़के को फिर से कोठार में जाने दिया| कुछ देर बाद बच्चा बाहर आया तो उसके हाथ में घड़ी थी! किसान खुश भी था और हैरान भी तो उसने उस बच्चे से पूछा कि जहाँ सब हार गए वहाँ वह कैसे जीत गया|

बच्चे ने कहा, "मैंने कुछ नहीं किया, बस फर्श पर बैठ कर ध्यान से सुना| उस ख़ामोशी में, मुझे घड़ी की आवाज़ आने लगी और मैंने उसी दिशा में जा कर उसे ढूंढ लिया|"

एक शांत दिमाग एक चतुर दिमाग से ज्यादा सोच सकता है| अपने दिमाग को हर रोज़ कुछ पल की शान्ति ज़रुर दें, और देखें, वह किस तरह से आपकी ज़िन्दगी को उस दिशा में ले जाता है जहाँ आप चाहते हैं!

हिम्मत

ये कहानी पुराने समय के एक कंजूस साहुकार की है जिसने एक व्यापारी को कुछ पैसे दिए थे| कुछ ना कुछ अड़चन आने की वजह से व्यापारी पैसे वापस नहीं दे पा रहा था|

व्यापारी की एक सुन्दर, जवान बेटी थी जिसपर साहुकार की नज़र थी| व्यापारी की मदद करने का ढोंग करते हुए उसने कहा कि अगर वह अपनी बेटी का विवाह साहुकार से कर देगा तो वह उसका कर्ज़ा माफ़ कर देगा नहीं तो वह उसका जीना मुश्किल कर देगा|

व्यापारी और उसकी बेटी दोनों असमंजस में थे कि क्या करें| साहुकार मदद करने का ढोंग कर रहा था| उसने कहा इसका फैसला किस्मत को करने देते हैं| उसने कहा कि वह एक काला और एक सफ़ेद पत्थर एक खाली थैले में रखेगा| अगर लड़की काला पत्थर उठाएगी, तो उसे साहुकार से शादी करनी होगी और पिता का क़र्ज़ माफ़ हो जाएगा| मगर अगर उसने सफ़ेद पत्थर

चुना, तो उसे साहुकार से शादी नहीं करनी पड़ेगी मगर उसके पिता का क़र्ज़ तब भी माफ़ हो जाएगा|

लड़की केवल सुन्दर ही नहीं समझदार भी थी| वह अपने पिता को जेल जाते नहीं देखना चाहती थी, इसलिए उसने हाँ कह दिया| वह दिन भी आ गया जब सारा गाँव इकठ्ठा हुआ व्यापारी और उसकी बेटी की किस्मत का फैसला देखने के लिए| वो नदी किनारे खड़े थे जहाँ पत्थर ही पत्थर थे| साहुकार ने झुक कर दो पत्थर उठाए| चालाकी से उसने दो काले पत्थर उठा लिए जब किसी की नज़र उसपर नहीं थी| ताकि वह लड़की से शादी कर सके| मगर लड़की तेज़ थी| वह देख रही थी| तब लड़की से एक पत्थर उठाने को कहा गया जिसपर उसके पिता की किस्मत टिकी हुई थी|

उसने थैले में हाथ डाला और एक पत्थर निकाला जबकि वह भलीभांति जानती थी कि दोनों पत्थर काले हैं| सिर्फ उसी ने देखा था कि साहुकार ने क्या किया है| जैसे ही उसने थैले से अपना हाथ बाहर निकाला, बिना पत्थर देखे उसने अपना संतुलन खोने का नाटक किया और गिर गई| साथ ही पत्थर भी गिरा दिया| पत्थर अन्य पत्थरों के साथ मिल गया और कोई नहीं देख पाया कि वो किस रंग का था| उठ कर उसने माफ़ी माँगी और कहा, "देखते हैं थैले में किस रंग का पत्थर बच गया है|

उससे हमे पता चल जायेगा मैंने कौन से रंग का पत्थर उठाया था|" थैले का पत्थर तो निश्चित ही काला था, तो यह माना गया कि उसने सफ़ेद पत्थर उठाया था|

सारे गाँव के सामने साहुकार में हिम्मत नहीं थी कि वह अपनी चोरी मान ले| उसे अपनी बात रखनी पड़ी और दोनों पिता और बेटी आज़ाद हो गए| लड़की ने जो किया वह अपना सम्मान रखने के लिए किया|

पिल्ला

एक बच्चा जानवरों की दूकान पर एक पिल्ला लेने गया| वहां चार पिल्ले थे और हर कोई ₹50 का था| और एक और था जो कोने में बैठा हुआ था| बच्चे ने पूछा कि क्या वो भी इनमे से एक है, और बेचने के लिए है और यह भी कि वो अकेले क्यों बैठा हुआ है| दूकान के मालिक ने कहा कि वह उन्हीं में से एक है मगर वह विकलांग है और बिक्री के लिए नहीं है|

बच्चे ने पूछा उसे क्या हुआ है| दुकानवाले ने बताया कि उसके पिछले एक पैर के जोड़ की हड्डी और पैर नहीं है| बच्चे ने पूछा, “आप इसका क्या करेंगे?” उसने कहा इसे मार दिया जाएगा| बच्चे ने पूछा अगर वो उसके साथ खेल सकता है| दुकानवाले ने कहा, “ज़रूर”| बच्चे ने तुरंत तय कर लिया कि उसे यह वाला पिल्ला ही चाहिए| दुकानवाले ने कहा, “यह बिक्री के लिए नहीं है!” मगर बच्चे ने ज़िद की|

दूकान मालिक मान गया| बच्चे ने अपनी जेब से $2 निकाले और दौड़ कर अपनी माँ से $48 लेने गया| जब वह दरवाज़े

तक पहुँचा दुकानवाले ने आवाज़ देकर कहा, “मुझे समझ नहीं आता तुम पूरे पैसे देकर इसे क्यों लेना चाहते हो जबकि इतने में तुम अच्छा पिल्ला भी ले जा सकते हो|” लड़के ने कुछ नहीं कहा| उसने अपनी पैंट ऊपर उठाई| वह नकली पैर लगाए हुए थे| दूकान मालिक ने कहा, “मैं समझ गया| जाओ, इसे मुफ्त ले जाओ|”

समय = पैसा

कहानी है कि कैसे टोयोटा कंपनी वाले लगातार नए तरीके अपना रहे थे कि कैसे वे अपनी कार्यप्रणाली को ज़्यादा प्रभावशाली और फायदेमंद बना सकते हैं|

एक पत्रकार ने ध्यान दिया कि टोयोटा के एक प्लांट में सारे कर्मचारी अपनी कमर में चमड़े की टूल बेल्ट पहनते हैं| उसने तुरंत हिसाब लगाया कि हर टूल बेल्ट का दाम लगभग 20 होगा, इस हिसाब से कंपनी हर साल ₹1,00,000 से ज़्यादा खर्चा कर्मचारियों की टूल बेल्ट पर कर रही थी| पत्रकार ने सोचा वह प्लांट मैनेजर से मिल कर उन्हें यह आईडिया सुझाएगा कि कैसे टूल बेल्ट हटाने से वह कंपनी का इतना पैसा बचा पाएंगे|

मैनेजर मुस्कुराया और उसने पत्रकार से कहा कि ये टूल बेल्ट कंपनी का अब तक का सबसे बेहतरीन निवेश है| हमने देखा, अगर टोयोटा का एक इंजिनियर दिनभर में एक बार अपना पेचकस गिराता है और चंद सेकंड जो वह उसे उठाने में लगाता हैउसमे टोयोटा को ₹115 लाख का व्यर्थ हुए समय का नुक्सान

हो जाता है! टूल बेल्ट होने से कारीगरों के औज़ार खोने या यहाँ-वहाँ हो जाने की सम्भावना कम हो जाती है और उन्हें खोजने में व्यर्थ जाने वाला समय बच जाता है| इस टूल बेल्ट से टोयोटा को चाहे हज़ारों डॉलरों का खर्चा हो रहा होमगर लाखों का फायदा भी हो रहा है!

मादा जिराफ़ अपने बच्चे को तड़पाती है

मादा जिराफ़ खड़े होकर प्रसव देती है, जिसकी वजह से पहली चीज़ जो होती है वह है कि पैदा होते ही बच्चा लगभग दो मीटर की ऊंचाई से गिरता है|

आँखें भी नहीं खुली होतीं और नवजात बच्चा अपनी चारों टांगों पर खड़ा होने की कोशिश करने लगता है, मगर उसकी माँ बहुत अजीब बर्ताव करती है; वह उसे एक हल्की लात मार देती है जिससे बच्चा चारों खाने चित गिर पड़ता है| वह फिर खड़े होने की कोशिश करता है और माँ उसे फिर गिरा देती है|

यह कई बार होता है जब तक कि नवजात जिराफ़ थक कर कोशिश करना छोड़ दे| तब माँ उसे फिर लात मारती है, ताकि मजबूरन उसे अपने पैरों पर खड़े होना पड़े| फिर वह नहीं गिराती बच्चे को|

इसका स्पष्टीकरण साफ़ है: हमलावरों से बचने के लिए, पहला सबक जो एक जिराफ़ को सीखना होता है वह है तुरंत अपने पैरों पर खड़ा होना|

माँ की सामने दिखती हुई कठोरता को अरबी कहावत में कुछ यूँ कहा गया है:

“कभी-कभी, कुछ अच्छा सिखाने के लिए, कुछ सख्ती बरतनी पड़ती है|”

अपोलो 13 मिशन

चाँद पर अपोलो 13 मिशन अंतरिक्ष की गहराई में था और प्लान के अनुसार चल रहा था जब एक ऑक्सीजन टैंक फट गया जिसकी वजह से कमांड मोड्यूल की बिजली चली गई। अचानक ऐसा लगा कि शायद उन तीन लोगों की टीम धरती से ₹1,00,000 मील दूर अंतरिक्ष में खो जाएगी जहाँ कोई उन्हें बचाने भी नहीं आ पाएगा।

पहले विस्फोट के तुरंत बाद हालात और ख़राब हो गए, जब एक-एक कर के सारे सिस्टम बंद पड़ने लग गए। हूस्टन में मिशन कण्ट्रोल पर बैठे सभी वैज्ञानिक स्तब्ध रह गए। कण्ट्रोल सेंटर में घबराहट की लहर दौड़ गई।

जैसे-जैसे एक-एक कर के उपकरण काम करना बंद करते गए, फ्लाइट डायरेक्टर जीन क्रांत्ज़ ने किसी तरह टीम को एक साथ जोड़ कर रखा। उन्होंने एक वाक्य से घबराए वैज्ञानिकों और बाकि के हैरान दल को शांत किया: “विमान में ऐसा क्या है जो ठीक है?”

इस सवाल ने सबका ध्यान एक बार क्या काम कर रहा है पर लगाया बजाय यह सोचने के कि क्या-क्या ख़राब हो चुका है| इससे पूरे दल का आत्मबल "सब ख़त्म हो गया" से "आओ मिल कर सोचें और कुछ प्लान बनाएं, ताकि मिशन को बचाया जा सके" में लग गया|

मतलब, यह सवाल, "विमान में ऐसा क्या है जो ठीक है?' मिशन का सकारात्मक विचार बन सकता था| उनके इस सवाल की ताकत यह थी कि इससे सब लोग जो अपोलो 13 से जुड़े थे, परेशानी के हल का हिस्सा बने, ना की परेशानी का!

दृढ़ता की ताकत

(सत्य घटना)

खिलाडी ग्लेन कन्निंग्हम की सच्ची कहानी जो 8 साल की उम्र में स्कूल में लगी एक आग में बुरी तरह जल गए थे| डॉक्टरों ने कह दिया था कि वे अब कभी चल नहीं पाएंगे| चलने के लिए दृढ़, ग्लेन अक्सर खुद को व्हील चेयर से गिरा देते और प्रांगन से घसीट कर अपने शरीर को बाड़ तक ले जाते| बाईस महीनों बाद, उन्होंने अपना पहला कदम रखा, और केवल अपने दृढ़ निश्चय के बल पर दर्द के बाद भी दौड़ना सीखे|

वहाँ का स्कूल छोटा सा था जहाँ पुराने समय के कोयले की अंगीठी जलाई जाती थी| एक छोटे बच्चे की ज़िम्मेदारी थी जल्दी आ कर उसे जलाने की ताकि उसके साथियों और टीचर के आने के पहले कमरा गर्म हो जाए|

एक दिन वे सुबह आए तो देखा पूरे स्कूल में आग लगी हुई है| उन्होंने बच्चे को आग में से जब निकाला तब वो ज़िन्दा कम,

मरा हुआ ज़्यादा था| उसका निचला शरीर बहुत जल चुका था और उसे तुरंत वहाँ के अस्पताल ले जाना पड़ा|

अपने बिस्तर से बुरी तरह जले हुए उस बच्चे ने बेहोश हालत में डॉक्टर को अपनी माँ से बात करते हुए सुना| डॉक्टर कह रहे थे कि वो निश्चित ही मर जायेगा-और शायद वही अच्छा भी है-क्योंकि आग ने उसका निचला बदन बुरी तरह झुलसा दिया है|

मगर वह बहादुर बच्चा मरना नहीं चाहता था| उसने मन में ठान लिया कि वह ज़िन्दा रहेगा| और डॉक्टर भी हैरान थे, वह वाकई ज़िन्दा बच गया| जब बड़ा खतरा टल चुका था, उसने एक बार फिर डॉक्टर को अपनी माँ से बात करते सुना| वह माँ को कह रहे थे कि क्योंकि आग में उसका काफी मॉस जल चुका है, अच्छा होता अगर वह मर जाता, क्योंकि अब ज़िन्दगीभर के लिए वह अपाहिज रह जायेगा और अपने पैरों का कभी इस्तेमाल नहीं कर पाएगा|

एक बार फिर उस बहादुर बच्चे ने अपना मन बना लिया| वो अपाहिज नहीं रहेगा| वो चलेगा| मगर अफ़सोस कि कमर से नीचे उसे कुछ महसूस नहीं हो सकता था| उसके पतले पैर बस टंगे रहते थे, बेजान|

आख़िरकार उसे अस्पताल से छुट्टी मिली| हर रोज़ उसकी माँ उसके छोटे-छोटे पैरों की मालिश करतीं, मगर वह कुछ महसूस नहीं कर पाता, कुछ काबू नहीं कर पाता| मगर उसका संकल्प कि वह चलेगा वैसा का वैसा था|

जब वह पलंग पर नहीं होता था तो व्हील चेयर पर होता था| एक सुनहरे दिन उसकी माँ उसे चौक में खुली हवा खिलाने ले आईं| उस दिन, वहाँ बैठे रहने की बजाय, उसने खुद को चौक में फेंक दिया| वह घास में खुद को घसीटता रहा|

ऐसे करते-करते वह सफ़ेद बाड़ तक जा पहुँचा| बहुत हिम्मत जुटा कर उसने खुद को बाड़ के साथ खड़ा कर लिया| फिर ज़रा-ज़रा कर के चलने के लिए दृढ़ वह खुद को बाड़ के साथ-साथ चलाता रहा| वह हर रोज़ यह करने लगा जब तक कि उसने बाड़ के साथ-साथ अपने लिए रास्ता साफ़ नहीं कर लिया| अगर वह कुछ चाहता था तो केवल अपने पैरों पर चलना|

आख़िरकार रोज़ की मालिश और उसके दृढ़-संकल्प के साथ उसने खड़े होना सीख लिया|

एक विकलांग बच्चा

बीस साल तक बिना बच्चे के रहने के बाद उस जोड़े की ख़ुशी का ठिकाना नहीं रहा जब उन्हें पता चला कि उनके घर बच्चा आने वाला है| मगर जिस दिन बच्चा पैदा हुआ तो डॉक्टर का दिल यह देख कर दुखा कि उसके बाएं हाथ की जगह केवल एक टुकड़ा है| उसने मन कठोर कर के पिता को यह बताया और माँ को यह बात वह कहे ऐसा प्रस्ताव रखा| "नहीं," पिता ने दृढ़ता से कहा, "उसे मैं खुद बताऊंगा|"

मिलकर उन्होंने बच्चे को माँ के पास रखा| वह बच्चे की नर्म त्वचा और और उसके बालों में ऊँगली फेरने लगी और कहा, "यह कितनी सम्पूर्ण है न?"

मगर उसके पति की नज़रों से उससे कुछ कहा| उसने कम्बल आहिस्ता से हटाया और बच्चे का विकलांग हाथ देखा| कमरे में ख़ामोशी थी| फिर उसने पलट कर धीरे से अपने पति से कहा, "जॉन, भगवान् ज़रूर जानते थे इस बच्चे को कहाँ भेजना था,

है ना? वो समझ गए थे कि हमे इसकी कितनी ज़रूरत है और इसे हमारी|"

लकडहारे की कहानी

एक बार एक मज़बूत लकडहारे ने एक लकड़ी के व्यापारी से काम माँगा और उसे काम मिल गया| पैसे अच्छे मिल रहे थे और काम भी अच्छा था| इसलिए लकडहारा भी मन लगा कर काम करना चाहता था|

उसके मालिक ने उसे एक कुल्हाड़ी दी और उसे उसके काम करने की जगह बताई|

पहले दिन, लकडहारा 18 पेड़ लेकर आया|

"मुबारक हो," मालिक ने कहा| "अब उस तरफ जाओ!"

मालिक की बातों से प्रोत्साहित होकर लकडहारे ने अगले दिन और कोशिश की, मगर 15 पेड़ ही ला पाया| धीरे-धीरे वह कम पेड़ लाने लगा|

उसे लगने लगा, "शायद मैं अपनी ताकत खो रहा हूँ"| वह मालिक के पास गया और माफ़ी माँगी और कहा कि वह समझ नहीं पा रहा है क्या हो रहा है|

मालिक ने पूछा, "तुमने आखरी बार अपनी कुल्हाड़ी कब तेज़ की थी?"

"तेज़? मुझे तेज़ करने का समय ही नहीं था| मैं तो पेड़ काटने में व्यस्त"

सबक:

हमारी ज़िन्दगी भी ऐसी ही है| कभी-कभी हम इतना व्यस्त हो जाते हैं कि कुल्हाड़ी तेज़ करने का वक़्त ही नहीं निकाल पाते हैं| आज के वक़्त में व्यस्त सभी हैं, मगर खुश बहुत कम|

ऐसा क्यों है? क्या इसलिए क्योंकि हम 'तेज़' रहना भूल चुके हैं| काम और परिश्रम करना अच्छी बात है| मगर इसका मतलब यह नहीं कि हम ज़िन्दगी की अहम् चीज़ों को भूल जाएँ, जैसे हमारी निजी ज़िन्दगी, भगवान् के साथ बिताने का समय, परिवार के साथ समय, पढ़ने का समय, आदि|

हम सबको आराम के लिए वक़्त चाहिए, सोचने, जप करने, सीखने और बढ़ने के लिए वक़्त चाहिए| अगर हम कुल्हाड़ी तेज़ करने को समय नहीं देंगे, तो हम कमज़ोर पड़ जायेंगे और अपना जोश खो देंगे|

दिमागी संकट

एक किसान ने एक आदमी को काम पर रखा और उसे लकड़ी काटने का काम दिया। दिन में वह देखने गया कि वह कैसा काम कर रहा है। वह देख कर हैरान रह गया कि सारी लकड़ी काटी हुई पड़ी थी।

दूसरे दिन उसने आदमी को लकड़ी के टुकड़ो को छप्पर के नीचे जमाने का काम दिया। इसमें बहुत सामान उठाने का काम था और किसान को लगा इसमें आदमी को वक़्त लगेगा। मगर दोपहर तक वह हो चुका था।

तीसरे दिन किसान ने सोचा कि आज वह आदमी को आसान काम देगा, और उसने उसे टोकरी में रखे आलू छांटने को कहा। "अच्छे वाले एक साथ रखना, जिनमे शक हो उसे एक तरफ और जो खराब हों, उन्हें फेंक देना," उसने निर्देश दिया।

एक घंटे बाद वह देखने गया कि काम कैसा हो रहा है। उसने देखा की वह आदमी बेहोश पड़ा है और उसने कोई ज़्यादा काम नहीं कर रखा है। उसके चेहरे पर पानी के छींटे मार कर उसे

होश में ला के किसान ने पूछा क्या हो गया| आदमी ने कहा, “उफ़, ये फ़ैसले लेने का काम मेरी जान ले लेगा”|

फर्क जानिए

एक बार एक आदमी जहाज से सफ़र कर रहा था जब तूफ़ान आ गया| डर से वह बेहोश हो गया| जब उसे होश आया, वह समुद्रतट पर था| उसने आसपास देखा मगर उसे कोई नज़र नहीं आया| उसे बहुत भूख लग आई थी तो वह उठ कर कुछ ढूँढने लगा| तभी उसे एक ख़ूबसूरत होटल दिखा; वह अन्दर गया और तुरंत खाने की मेज़ पर से बहुत सारा खाना उठा-उठा कर खाने लगा| बैरे ने आ कर पूछा कि वह क्या पीना चाहेंगे| मगर क्योंकि वह भाषा नहीं समझ पा रहा था उसे लगा कि बैरा उसका अभिनन्दन कर रहा है|

कुछ समय बाद, बैरा बिल ले आया| लेखनी और उसकी बात नहीं समझने के कारण उसने समझा बैरा उसे लिखित में शुक्रिया अदा कर रहा है! तय है कि बैरे ने मैनेजर को बुलाया क्योंकि वह देख सकता था कि आदमी बिल भरने का कोई संकेत नहीं दे रहा था|

आदमी ने सोचा कि वह इतना ख़ास है कि ना केवल आम लोग बल्कि उस अजीब जगह के उच्च और ख़ास लोग भी उससे मिलने आ रहे थे! मैनेजर कोई बवाल नहीं चाहता था और वह आदमी को कोर्ट ले गया| कार में कोर्ट जाते वक़्त आदमी ने सोचा कि वे लोग उसे घुमाने ले जा रहे हैं! कोर्ट में भी उस बेवकूफ आदमी को कुछ समझ नहीं आया और उसने सोचा कि वह इतना महान है कि इस देश का राष्ट्रपति भी उससे मिलने आया है| निश्चित ही कोर्ट ने उसे सज़ा दी और कहा कि उसे गधे पर उल्टा बिठा कर शहर में घुमाया जाए| इस कहानी का सबसे अच्छा हिस्सा यह है कि इसके बाद भी उस आदमी को कुछ समझ नहीं आया बल्कि उसे लगा कि यह सबसे अच्छा देश है जहाँ हर कोई आपको ख़ास महसूस करवाता है और अब वे उसे सड़क पर ले जा रहे हैं ताकि वहाँ की प्रजा आ कर उसका अभिनन्दन कर सके|

विकलांग

डॉक्टर ने एक नन्ही सी बच्ची की नौजवान माँ से कहा, "माफ़ी चाहता हूँ श्रीमती केल्लर मगर आपको बहादुर होना होगा| खुद को एक तेज़ झटके के लिए तैयार कर लीजिये|"

आँखों में आंसू और कंपकंपाते हुए होठों से माँ ने पूछा, "मतलब मेरी बच्ची ठीक नहीं हो सकती? क्या वो"

वह इतने दुःख में थी कि वो अपनी बात भी पूरी नहीं कह पाई| डॉक्टर उसका सवाल समझ गए थे, "नहीं, वह ज़िन्दा रहेगी मगर वो देख और सुन नहीं सकेगी|"

दुःख में माँ ने कहा, "अंधी और बहरी! ओह, मेरी प्यारी हेलेन, अब क्या होगा तुम्हारा?"

"क्या कह सकते हैं," डॉक्टर कमरे से जाते हुए बुदबुदाया| "यह एक दुखद केस है; अब तक के मेरे देखे में सबसे दुखद और कह नहीं सकते बच्ची ज़िन्दा रहेगी भी या नहीं|"

बच्ची बड़ी हो कर हेलेन केल्लर के नाम से जानी गई, सबसे मशहूर और खुशनुमा इंसानों में से एक| छूने और सूंघने की शक्ति के बूते पर उसने कड़ी मेहनत कर के बोलना और लिखना सीखा| लोगों को उसके बारे में पता चला और उसे दुनियाभर में अपनी कहानी कहने के लिए बुलाया जाने लगा| उसने हाई स्कूल और कॉलेज से पढाई की और कई प्रेरणादायक किताबें लिखीं|

समय का महत्त्व

सोचिये कोई बैंक है जो हर रोज़ सुबह आपके अकाउंट में 86,400 डाल देता हो|

पिछले दिन का कोई हिसाब नहीं रहता| जो बकाया रह जाता है वह हर शाम चला जाता है|

आप क्या करेंगे?

सारा पैसा निकाल लेंगे, और क्या!!!

हम सबके पास ऐसा एक बैंक है| उसे कहते हैं समय|

हर सुबह वह हमे 86,400 सेकंड देता है| दिनभर में जो हम अच्छे काम में इस्तेमाल नहीं कर पाते वह उस समय को हर रात हटा देता है| कोई पल अगले दिन को नहीं जाता| दिन का बचा हुआ समय ख़त्म हो जाता है| अगर आप अपने दिनभर के समय का सही इस्तेमाल नहीं कर सकते, तो नुक्सान आपका है|

कोई वापस नहीं जा सकता| जिस दिन का हिसाब है वह उसी दिन का रहता है| आपको आज में आज के समय के हिसाब से रहना चाहिए| इसका सदुपयोग करें अपनी सेहत, ख़ुशी और तरक्की के लिए!

वक़्त की सूइयाँ दौड़ रही हैं| जो वक़्त है उसका सही इस्तेमाल करें|

एक साल की एहमियत क्या होती है,

ये उस छात्र से पूछो जिसका एक साल ज़ाया हो चुका है|

एक महीने की एहमियत क्या होती है,

ये उन माता-पिता से पूछो जिनका बच्चा एक महीने पहले जन्मा गया हो|

एक हफ्ते की एहमियत क्या होती है,

ये हफ्ते में एक बार आने वाले अखबार के संपादक से पूछो|

एक दिन की एहमियत क्या होती है,

ये दिहाड़ी मज़दूर से पूछो जिसे एक बड़े परिवार का पेट भरना है|

एक घंटे की एहमियत क्या होती है,

ये उन प्यार करने वालों से पूछो जो मिलने का इंतज़ार करते हैं|

एक मिनट की एहमियत क्या होती है,

ये उस इंसान से पूछो जिसकी ट्रेन, बस, या प्लेन छूट गया हो|

एक पल की एहमियत क्या होती है,

ये उस व्यक्ति से पूछो जिसका एक्सीडेंट होते-होते वह बच गया हो|

एक मिलीसेकंड की एहमियत क्या होती है,

ये उससे पूछो जिसने ओलिंपिक में चांदी का पदक जीता हो|

आपका हर समय बहुमूल्य है! इसे संजो कर ज्यादा रखें क्योंकि आपके पास कोई है जो आपके साथ आपका वक़्त बाँटने के काबिल है| और याद रखिये समय किसी का इंतज़ार नहीं करता|

मैं क्यों?

जाने माने विम्बल्डन खिलाडी, आर्थर आशे एड्स से मर रहे थे| दुनिया भर से उनके चाहने वाले उन्हें पत्र लिख रहे थे| एक ऐसे पत्र में लिखा था, “भगवान् को आपको ही क्यों चुनना था ऐसी गन्दी बिमारी के लिए?” आर्थर आशे ने जवाब दिया, “दुनिया भर में ₹500 लाख बच्चे टेनिस खेलना शुरू करते हैं, उसमे से ₹50 लाख टेनिस खेलना सीखते हैं, 5 लाख पेशेवर टेनिस सीखते हैं, 50,000 चुने जाते हैं, 500 ग्रैंड स्लैम तक पहुँचते हैं, 128 विम्बल्डन तक, 4 सेमी-फाइनल तक और 2 फाइनल में| जब मैं कप पकडे हुए था तब तो मैंने भगवान् से नहीं पूछा कि “मैं क्यों?” इसलिए आज जब मैं तकलीफ में हूँ तब भी मुझे भगवान् से नहीं पूछना चाहिए कि “मैं क्यों?”

जैसा दिखता है हमेशा वैसा होता नहीं

एक बार एक आदमी था जो तूफ़ान में एक ख़त्म हो चुके जहाज से बच कर अब एक टापू पर था| हर रोज़ वह भगवान् से प्रार्थना करता कि वह उसे बचाने के लिए किसी को भेज दें, मगर अफ़सोस, कोई नहीं आया|

महीनों गुज़र गए और उसने अपनेआप टापू पर रहना सीख लिया| इस दौरान उसे टापू से चीज़ें इकट्ठी किन और अपनी बनाई झोंपड़ी में जमा करता गया| एक दिन जब वह खाने की तलाश से वापस अपनी झोंपड़ी पर आया तो उसने देखा कि उसकी झोंपड़ी जल रही है और साथ ही सारा सामान भी!

उसकी हर चीज़ आग के धुएं में जल रही थी! केवल जो कपड़े उसके तन पर थे वही बच गए थे| पहले तो वह स्तब्ध था, मगर धीरे-धीर उसे गुस्सा आने लगा और वह आगबबूला हो गया!

गुस्से में उसने आसमान को अपनी मुट्ठी दिखाई और चिल्ला-चिल्ला कर भगवान् पर गुस्सा करने लगा, "भगवान्, आप मेरे

साथ ऐसा कैसे होने दे सकते हैं? मैं इतने महीनों से आपसे प्रार्थना कर रहा हूँ कि किसी को भेज कर मुझे यहाँ से बचा लीजिये, मगर कोई नहीं आया, और अब मेरा सब कुछ जल चुका है! आप मेरे साथ ऐसा कैसे कर सकते हैं! आपने ये कैसे होने दिया?"

वह अपने घुटनों के बल गिर कर सुबक-सुबक कर रोने लगा| तभी उसने देखा कि समुंद से एक जहाज उसकी तरफ आ रहा था| जहाज उसे वहाँ से बचा कर वापस शहर की तरफ ले जा रहा था जब उस आदमी ने कप्तान से पूछा, "आपने मुझे कैसे खोजा?"

कप्तान ने कहा, "हम अपनी यात्रा पर थे, जब टापू से निकलता आग का धूँआ दिखाई दिया| हमने सोचा जा कर देखते हैं और तब हमे तुम मिले!"

ज़िन्दगी में हमे कई चुनौतियाँ, तकलीफें और मुसीबतें मिलेंगी| मगर याद रखें शैतान जो आपके लिए बुरा करता है, उसे अच्छे में बदलने की ताकत भगवान में है! जो आपको अपनी मुसीबत लग रहा है वो कभी-कभी दुआ बन कर सामने आ जाता है| "जो सही है, उसकी पुकार भगवान् सुनता है, और उसे उसकी परेशानियों से मुक्ति देता है| भगवान् उनके पास है जिनके दिलों में दर्द है, और वो उन्हें ज़रूर बचाता है| जो सही होता है उसे

कई यातनाएं झेलनी पड़ती हैं, मगर भगवान् उसे उन सबसे निकाल लेता है|" साल्म 34:17-19

स्वयं का विश्लेषण

एक छोटा बच्चा एक दवाई की दूकान पर गया, सोडे के कार्टन को खींच कर फ़ोन तक लाया और उस पर खड़े होकर फ़ोन तक पहुँचा और सात नंबरों का एक नंबर मिलाया| दूकान का मालिक उसकी बात सुनने लगा|

बच्चे ने दूसरी और बात कर रही महिला से पूछा, “क्या आप मुझे अपने लॉन की घास काटने का मकाम देंगी?” महिला ने जवाब दिया, “मेरे पास पहले से उस काम के लिए कोई है|” लड़के ने कहा, “मैं उससे आधे पैसों में कर दूंगा|” महिला ने कहा कि वह अभी वाले काम से संतुष्ट है|

लड़के ने बात आगे बढ़ाई और कहा, “मैं आपका आँगन भी साफ़ कर दिया करूँगा, इससे पूरे नार्थ पाल्म बीच, फ्लोरिडा में सबसे सुन्दर आपका लॉन दिखेगा|” महिला ने फिर इनकार कर दिया| मुस्कुराते हुए बच्चे ने फ़ोन नीचे रखा|

दुकानवाला जो उसकी बातें सुन रहा था, उसके पास आया और बोला, “बेटा, मुझे तुम्हारा जज़्बा बहुत अच्छा लगा और मैं तुम्हे

काम पर रखना चाहूँगा| लड़के ने कहा, “नहीं, शुक्रिया, मैं बस देख रहा था कि मैं कैसा काम कर रहा हूँ| उस महिला के पास जो काम करने के लिए लड़का है वह मैं ही हूँ| !”

सत्य घटना: असली विजेता हार नहीं मानता!

ये एक महिला की सच्ची कहानी है जो एक भयानक आग की शिकार हो गई थी| इसकी कहानी पढने के बाद आपको लगेगा कि आपको जो आपकी बड़ी तकलीफें लगनी हैं वो इस छोटी बच्ची की तकलीफों के आगे कुछ भी नहीं है|

सितम्बर 25, 2000 की बात है| ज़ाम्बोआंगा में रहने वाली मारिसल अपतन 11 साल की थी| उस दिन वह अपने चाचा के साथ पानी भरने गई|

रास्ते में, उन्हें चार लोग मिले| उनके हाथों में बड़े-बड़े चाक़ू थे| उन्होंने लड़की के चाचा को ज़मीन के बल लेटने को कहा और उसका गला रेत कर उसे मार दिया|

मारिसल अवाक थी, इसलिए भी क्योंकि ये चार युवक उसके पड़ोसी थे| उसने भागने की कोशिश की, मगर वो उसके पीछे भागे|

वो चिल्लाने लगी, “मुझे मत मारो! मुझ पर दया करो!”

मगर उन्होंने नहीं सुना। एक ने लम्बे चाक़ू से उसके गले पर वार किया।

मारिसल बेहोश होकर गिर पड़ी।

जब वह उठी तो उसे बहुत सारा खून दिखा। उसे उन चारों आदमियों के पैर अपने आसपास चलते दिखे, और उसने मरे होने का नाटक किया।

जब वे चले गए, मारिसल दौड़ कर घर आ गई। मगर रास्ते में उसके दोनों हाथ गिर गए। उन आदमियों ने उसके दोनों हाथ काट डाले थे। वह रोती रही, पर दौड़ती रही।

बीच-बीच में वह बेहोश होकर गिर पड़ती। मगर होश में आते ही दुबारा दौड़ने लगती।

घर के पास पहुँच कर मारिसल ने अपनी माँ को आवाज़ लगाई।

अपनी बेटी का ये हाल देख कर उसकी माँ की चीख निकल गई। उसने अपनी खून से सनी बेटी को एक कम्बल में लपेटा और उसे अस्पताल लेकर गई।

परेशानी यह थी, कि उनके घर से हाईवे तक की दूरी 12 किलोमीटर थी। हाईवे तक पहुँचने में ही उन्हें 4 घंटे लग गए।

जब वे अस्पताल पहुंचे डॉक्टरों को लगा मारिसल नहीं बच पाएगी| मगर उन्होंने 5 घंटे लगा कर उसका ऑपरेशन किया| उसकी गर्दन और पीठ पर हुए चाकू के वार को सिलने के लिए उन्हें 25 टाँके लगाने पड़े|

मारिसल किसी तरह से बच गई मगर उसके दोनों हाथ चले गए|

दुखद यह है कि अगले दिन मारिसल का जन्मदिन था| वह 12 साल की हुई|

मगर परेशानियां यहीं ख़त्म नहीं हो गईं| जब वे घर पहुंचे तो देखा वहां घर ही नहीं था| बदमाशों ने पूरे घर को तबाह कर के जला दिया था|

और क्योंकि वे लोग बहुत गरीब थे, मारिसल के परिवार के पास अस्पताल का बिल भरने के ₹50,000 भी नहीं थे|

मगर भगवान् ने कई फ़रिश्ते भेज दिए उनकी मदद करने के लिए|

आर्चबिशप अंटोनियो लेदेस्मा, जो उनके दूर के रिश्तेदार थे, ने अस्पताल का बिल भरा और उन बदमाशों को पकड़ने में भी मदद की| उन्हें जेल में डाल दिया गया|

आज वह रेजीना रोस्सारी में Sr एप्पी ब्रासील ओपी के साथ ननों की देखरेख में रह रही है|

मगर ताज्जुब की बात यह है कि रुक जाने की बजाय मारिसल दौड़ती रही|

भगवान् से नाराज़ होने की बजाय कि उसके हाथ क्यों नहीं हैं, वो अपनी कलाईयों का ऐसा अद्भुत इस्तेमाल करती है कि आप दंग रह जायेंगे|

विकलांग बच्चों के स्कूल में मारिसल को सबसे पढ़ाकू, मेहनती, कंप्यूटर में अव्वल और सबसे शांत माना जाता है|

2008 ने उसने होटल और रेस्टोरेंट मैनेजमेंट में ग्रेजुएशन की| उसे कला के क्षेत्र में गोल्ड मैडल भी मिला|

2011 में उसने प्रधान रसोईये की पढाई की| जी हाँ, बिन हाथों का रसोईया|

इस नवयुवती को कोई इसके सपनों को जीतने से नहीं रोक सकता|

धोखा

कछुओं के एक परिवार ने पिकनिक पर जाने का सोचा| कछुए क्योंकि कुदरतन धीरे होते हैं, उन्हें इसकी तैयारी करने में सात साल लग गए| आखिरकार, कछुआ परिवार निकला पिकनिक के लिए कोई उचित स्थान देखने| अपने सफ़र के दुसरे साल में आखिर उन्हें अपनी पसंद की जगह मिल गई| छः महीनों तक उन्होंने वो जगह साफ़ की, पिकनिक वाली टोकरी खोली और देखा तो पाया वो नमक भूल आए हैं| नमक के बिना पिकनिक तो बेकार है, सबने यही माना| चार महीनों के लम्बे विचार के बाद, एक कछुए को घर से नमक लाने के लिए चुना गया क्योंकि वो धीरे चलने वाले कछुओं में सब से तेज़ था| उस कछुए ने एक शर्त पर जाने को हाँ कहा; कि जब तक वह लौट कर नहीं आएगा कोई कुछ नहीं खाएगा| परिवार मान गया और कछुआ चला गया| तीन साल बीत गए पर कछुआ लौट कर नहीं आया|

पांच सालछः सालसात सालफिर सातवे साल भी जब वो नहीं आया तो सबसे बड़ा कछुआ अपनी भूख काबू में और नहीं रख

सका| उसने घोषणा की कि वो खाने वाला है और एक सैंडविच खोलने लगा| तभी जो कछुआ घर के लिए निकला था लपक के पेड़ के पीछे से निकला और चिल्लाया, " देखो, मुझे पता था आप लोग इंतज़ार नहीं करोगे| अब मैं नहीं जाऊंगा नमक लाने|"

कीमत

एक जाने-माने प्रवक्ता ने अपना सेमिनार शुरू किया हाथ में एक ₹20 का नोट लेकर| 200 लोगों से भरे उस कमरे में उसने पूछा, "क्या आप ये ₹20 का नोट लेना चाहेंगे?"

लोग हाथ खड़े करने लगे|

उसने कहा, "मैं ये ₹20 का नोट आप में से किसी एक को दूंगा, मगर पहले मुझे ये करने दीजिये|" और उसने नोट को हाथ में लेकर मरोड़ दिया|

उसने फिर पूछा, "अब भी कौन ये लेना चाहता है?" तब भी हाथ हवा में उठे|

"अच्छा," उसने कहा, "और अगर मैं ये करूँ तो?" और उसने नोट ज़मीन पर गिराया और उसे अपने जूते तले मसल दिया|

उसने फिर उसे उठाया| वो मुसा हुआ, गन्दा हो चुका था| "अब भी कौन इसे लेना चाहेगा?" तब भी हाथ हवा में उठे|

“दोस्तों, आज आप सबने एक महत्वपूर्ण सबक सीखा है| मैंने नोट के साथ चाहे जो किया, आप फिर भी उसे लेना चाहते थे क्योंकि उसने अपनी कीमत नहीं खोई थी| वो अब भी $20 के जितना था| ज़िन्दगी में भी कई बार अपने फैसलों और परिस्तिथियों के चलते हम गिरते हैं, मुस्ते हैं और ज़मीन पर गिर कर गंदे होते हैं| हमे लगता है कि हमारी कोई कीमत नहीं है| मगर चाहे जो भी होता है या जो भी होगा, आप कभी अपनी कीमत नहीं खोएंगे| आप ख़ास हैं - कभी मत भूलियेगा!

नज़रिए की ताकत

जिम कैरी, हास्य अभिनेता, जिन्होंने 'द मास्क', 'बैटमैन फॉरएवर', 'लायर-लायर', 'ब्रूस आलमाइटी' व अन्य कई हिट फिल्मों में काम किया है को नज़रिए की ताकत की समझ थी। 80 के दशक के आखिर में, अपने परिश्रम वाले दिनों में, उन्होंने अमीर और कामयाब बनने का सपना देखा। उन्होंने अपने सपनों को लिखा और फिर उन्हें सच करने के अपने नज़रिए एक चलते एक खतरनाक कदम उठाया। उन्होंने खुद के नाम एक ₹10 करोड़ का चेक लिखा और उसे पोस्ट डेट किया 31 दिसम्बर 1995 की तारिख दी। कमाल था कि नवम्बर 1995 को कैरी एक फिल्म 'द मास्क -2' में आने के लिए ₹10 करोड़ रूपये का प्रस्ताव आया और फिर उन्होंने ₹20 करोड़ लिए अपनी 1996 की फिल्म के लिए।

इसलिए, हमेशा बड़े सपने देखें। जितने बड़े आप सपने देखेंगे, उतना ही ज्यादा उत्सुक और प्रोत्साहित रहेंगे उन्हें पाने के लिए।

वाल्ट डिज़नी

आपने वाल्ट डिज़नी का नाम तो सुना होगा| ये वो आदमी हैं जिन्होंने एक कार्टून चूहे (मिक्की माउस) को एक अंतर्राष्ट्रीय, कई बिलियन डॉलर का बिज़नस बना दिया| उन्होंने डिज़नीलैंड जैसे बड़े सपने को देखने का जोखिम उठाया, जो दुनिया का पहला थीम पार्क बना जहाँ हर उम्र वाले के लिए कुछ ना कुछ था| उनका सपना इतना बड़ा था कि उन्होंने कैलिफ़ोर्निया में कई एकड़ ज़मीन खरीदी और कई साल लगाये उसे बनाने में पर साल इतने लगे कि उनकी मृत्यु के बाद भी वहाँ काम चलता रहा| डिज़नीलैंड के उद्‌घाटन के वक़्त एक पत्रकार ने रॉय डिज़नी (वाल्ट डिज़नी के भतीजे) से कहा कि, “ये खेद की बात है कि आपके अंकल वाल्ट डिज़नी अपने जीते जी अपना सपना पूरा होते नहीं देख पाए|” रॉय ने मुस्कुराकर पत्रकार से कहा, “आप ग़लत हैं, यह ही उनका सपना है| उन्होंने हम सब से पहले अपने सपनों में पहले ही डिज़नीलैंड का पूरा स्वरुप देख लिया था|”

कमज़ोरी या ताकत?

कभी-कभी हमारी सबसे बड़ी कमज़ोरी हमारी सबसे बड़ी ताकत बन जाती है| जैसे, उदहारण के लिए, 10 साल के बच्चे की कहानी जिसने जुडो सीखने का फैसला किया जबकि एक दुखद कार दुर्घटना में वो अपना बाँया हाथ खो चुका था|

लड़के ने एक बुज़ुर्ग जापानी जुडो मास्टर से जुडो सीखना शुरू किया| लड़का अच्छा कर रहा था इसलिए वह समझ नहीं पाया क्यों तीन महीने गुज़र जाने तक भी मास्टर ने उसको केवल एक ही दाव सिखाया था|

“मास्टर,” एक दिन उसने कहा, “क्या मुझे और दाव नहीं सीखने चाहिए?”

“तुम्हे केवल एक ही दाव आता है, मगर यह एक ही दाव है जो तुम्हे सीखने की ज़रूरत पड़ेगी,” उन्होंने कहा|

लड़का समझ नहीं पाया मगर अपने टीचर पर विश्वास रख कर, उसने ट्रेनिंग जारी रखी|

कई महीनों बाद, मास्टर उसे उसके पहले टूर्नामेंट के लिए लेकर गए| लड़का हैरान रह गया जब उसने पहले दो मैच आसानी से जीत लिए| तीसरा मैच मुश्किल था, मगर कुछ समय बाद उसका विरोधी अपना संयम खोने लगा और उसने हमला कर दिया; लड़के ने अपना इकलौता दाव खेला और मैच जीत गया| अभी भी अपनी जीत से हैरान, लड़का फाइनल में आ गया था|

इस बार उसका विरोधी कई बड़ा, शक्तिशाली, और अधिक तजुर्बेकार था|

एक बार को लगा उसे ग़लत विरोधी मिल गया है| ये सोचकर कि लड़के के लग जाएगी, रेफरी ने टाइम आउट की घोषणा कर दी| वो मैच रोकने वाला था जब मास्टर ने उसे रोका|

“नहीं,” उन्होंने कहा, “उसे लड़ने दो|”

जैसे ही मैच शुरू हुआ, विरोधी ने एक भूल कर दी: उसने अपने बचाव के बारे में नहीं सोचा| तुरंत लड़के ने अपने दाव से उसे दबोच लिया| लड़के ने वो मैच और टूर्नामेंट दोनों जीत लिए थे|

वापसी के रास्ते में, लड़के और मास्टर ने हर मैच के हर दाव पर चर्चा की| तब लड़के ने हिम्मत कर पूछ ही लिया जो उसके मन में चल रहा था|

“मास्टर, मैं कैसे केवल एक दाव से पूरा टूर्नामेंट जीत गया?”

“तुम दो कारणों से जीते, “मास्टर ने बताया| “पहला, तुम जुडो का सबसे कठिन दाव लगभग पूरी तरह से सीख चुके हो| और दूसरा, उस दाव का तोड़ केवल यह है कि विरोधी तुम्हारा बाँया हाथ पकड़ ले|”

लड़के की सबसे बड़ी कमज़ोरी उसकी सबसे बड़ी ताकत बन गई थी|

जब हम भविष्य की बात करते हैं, भगवान् हँसते हैं

एक बार एक गाँव में, गाँववाले मिट्टी की छतों वाले झोंपड़ों में रहते थे| सिर्फ एक सीमेंट की बनी पवित्र बिल्डिंग थी पूरे गाँव में| उस पवित्र बिल्डिंग में, एक पादरी रहते थे जिन्हें गाँववाले भगवान् का रूप मानते थे और उनकी बहुत इज्ज़त करते और उनपर भरोसा करते थे|

एक बार बहुत तेज़ बिजली कड़की और एक-एक कर के गाँव के सारे मिट्टी के झोंपड़े जल गए| सब शरण लेने उस पवित्र बिल्डिंग की ओर भागे| सब गाँववाले परेशान थे कि एक ही पल में उनकी किस्मत कैसे पलट गई थी और अब क्या होगा| उन्होंने पादरी से इसका कारण पूछा| पादरी ने कहा "ये इसलिए हुआ है क्योंकि हमारे बीच में कोई है जो बुरी किस्मत ले कर आया है, जिसके ग़लत कामों और बुरी आत्मा ने पूरे गाँव की किस्मत को ग्रहण लगा दिया है|" गांववालों ने पूछा ऐसा कौन हो सकता है| पादरी ने जवाब दिया, "उस बदनसीब को जानने

का केवल एक तरीका है कि हम सब इस पवित्र बिल्डिंग से बाहर चलते हैं; एक-एक कर के बरामदे में खड़े होते हैं| जिसकी भी बुरी किस्मत से यह प्रलय आया है, उस पर खुद ही बिजली गिर जाएगी; वो जल कर खाक हो जायेगा और बाकि सब सुरक्षित इस पवित्र बिल्डिंग में रह जायेंगे|

पादरी की सलाह पर गाँववाले एक-एक कर के पवित्र बिल्डिंग से बाहर आते गए और बरामदे में खड़े होते गए| अंत में केवल दो लोग बचे थे; एक पादरी और एक गरीब बच्चा| अब पादरी भी बरामदे में आकर खड़े हो गए मगर उनपर भी बिजली नहीं गिरी| लोगों ने देखा कि अब केवल वो बच्चा बच गया है, तो वे उसे ही इस सबके लिए दोषी ठहराने लगे और उसे भला-बुरा कहने लगे| अब उस बेचारे बच्चे को बरामदे में खड़े होने के लिए भेज दिया|

सब इंतज़ार कर रहे थे कि उसके ऊपर बिजली गिरेगी और बाकि सब बच जायेंगे| बिजली गिरी मगर पवित्र बिल्डिंग पर, सारे गांववाले जल कर राख हो गए, पादरी भी| सिर्फ वो बच्चा बचा रह गया जो बरामदे में खड़ा था|

जो जाता है वो आता है

एक बार एक आदमी ने एक बूढ़ी औरत को अकेले सड़क के किनारे खड़े देखा, मगर कम रौशनी में भी वह देख सकता था कि उन्हें मदद की ज़रूरत है| इसलिए उसने अपनी पॉन्टिएक कार उनकी मर्सिडीज़ के आगे रोकी और निकल कर बाहर आया| उसकी अपनी कार अभी भी चालू थी|

आदमी के चेहरे पर हँसी देख कर भी, औरत चिंतित थी| पिछले एक घंटे से कोई मदद करने नहीं रुका था| क्या वो उसे नुक्सान पहुंचाने वाला था? वो उसे देख कर सुरक्षित नहीं महसूस कर रही थी; वो गरीन और भूखा दिख रहा था| आदमी देख सकता था कि ठण्ड में खड़ी वो औरत डरी हुई है| वो समझ सकता था वो कैसा महसूस कर रही है| ये वो ठंडी सिहरन थी जो केवल डर से आती है| उसने कहा, "मैं आपकी मदद करने आया हूँ, मैडम| क्यों नहीं आप मेरी कार में बैठें? वहाँ गर्म है| वैसे मेरा नाम ब्रायन एंडरसन है|"

खैर, उनकी गाडी का सिर्फ टायर पंक्चर हुआ था, मगर एक बूढ़ी औरत के लिए, यह काफी ख़राब परिस्तिथि थी| ब्रायन कार के नीचे जा कर जैक लगाने की जगह तलाशने लगा, जिसमे एक-दो बार उसके हाथ छिल भी गए| जल्द ही उसने टायर बदल दिया| मगर वह गन्दा हो गया था और उसके हाथ छिल गए थे| जब वह पेच टाइट कर रहा था तब औरत ने शीशा नीचे किया और उससे बात करने लगीं| उन्होंने बताया कि वह सैंट लुइस से हैं और बस यहाँ से गुज़र रही थीं| वो उसकी शुक्रगुज़ार थीं कि उसने आ कर उनकी मदद की|

ब्रयान मुस्कुराया और उनकी गाड़ी की डिक्की बंद कर दी| औरत ने पूछा उन्हें इसके कितने पैसे देने हैं| वो जो बोलेगा वो देने के लिए वह तैयार थीं| वो पहले ही वो सारे बुरे ख्याल सोच चुकी थी जो उनके साथ हो सकता था अगर वह नहीं आता| ब्रयान ने एक दफा भी पैसों के बारे में नहीं सोचा| ये कोई उसकी नौकरी नहीं थी| ये किसी ज़रूरतमंद की मदद करना था, और, भगवान् जानता है ऐसे बहुत से लोग हैं जिन्होंने समय पर उसकी मदद की थी| उसने अपनी पूरी ज़िन्दगी ऐसे ही जी थी, और उसे इसके अलावा और किसी तरह से रहना नहीं आता था|

उसने कहा कि अगर वो वाकई में उसकी मदद करना चाहती हैं तो भविष्य में अगर कोई ज़रूरतमंद कभी दिखे तो उसकी मदद कर दें, और ब्रयान ने कहा, "बस मुझे याद कर लेना|"

उसने इंतजार किया जब तक वह महिला अपनी कार शुरू कर के निकल नहीं गईं| वो एक ठंडा और निराशामय दिन था, मगर जब डूबते सूरज के धुंधलके में वह घर जा रहा था वह खुश महसूस कर रहा था|

कुछ मील चलने पर उस औरत को एक छोटा सा ढाबा दिखा| वो अन्दर कुछ खाने के लिए गईं ताकि घर पहुँचने के आहरी पढाव से पहले कुछ गर्मी हासिल कर लें| ढाबा कुछ संदिग्ध सा दिख रहा था| बाहर दो गैस के लैंप जल रहे थे| सारा नज़रिया नया-नया सा लग रहा था| वहाँ काम करने वाली लड़की एक साफ़ तौलिया ले कर आई ताकि वह अपने गीले बाल पोंछ सकें| पूरे दिन काम करने के बाद भी उसके चेहरे पर एक प्यारी सी मुस्कान थी| महिला ने देखा कि वह लड़की लगभग आठ महीने गर्भ से थी, मगर उसके दर्द और तकलीफों ने उसके बर्ताव में कोई कमी नहीं आने दी थी| बुज़ुर्ग महिला सोच में पड़ गईं कि कोई जिसके पास इतना कम है वो किसी अनजाने के साथ भी कितनी अच्छी तरह से बर्ताव कर रही है| तब उसे ब्रयान का ख़याल आया|

महिला ने खाना खाया, और भुगतान के लिए सौ डॉलर का नोट दिया| लड़की तुरंत बचे पैसे लाने चली गई, मगर तब तक बुज़ुर्ग महिला दरवाज़े से चुपचाप से निकल गईं| जब तक लड़की वापस आई तब तक महिला जा चुकी थी| लड़की सोचने लगी कि वह कहाँ गई| तब उसने नैपकिन पर कुछ लिखा हुआ देखा|

जब उसने पढ़ा कि वो महिला क्या लिख कर गई है तो उसकी आँखों में आंसू आ गए:

"तुम्हे मुझे कुछ लौटाने की ज़रूरत नहीं है| मैं भी कभी तुम्हारी जगह थी| कभी किसी ने मेरी मदद की थी, जैसे आज मैं तुम्हारी कर रही हूँ| अगर तुम मुझे वाकई लौटाना चाहती हो, तो तुम ये कर सकती हो; एक प्रेम की चेन को यहीं रुकने मत देना| नैपकिन के नीचे चार ₹100 के नोट थे|

खैर, टेबलें साफ़ करनी थीं, चीनी के जार भरने थे और लोगों को खाना परोसना था, मगर लड़की ने दिन निकाल ही लिया| उस रात जब वो घर पहुँच कर अपने बिस्तर पर आई, तो वो उस महिला का लिखा नोट और उन पैसों के बारे में सोचने लगी| उस महिला को कैसे पता चला कि इस वक़्त उसे और उसके पति को इन पैसों की कितनी ज़रूरत थी| अगले महीने बच्चे के आने से मुश्किलें बढ़ने वाली थींपास में उसका पति सोया हुआ था, वो जानती थी कि वह कितना परेशान है| उसने

उसे एक हल्का सा चुम्बन दिया और धीरे से फुसफुसाया, "सब ठीक हो जाएगा| मैं तुमसे प्यार करती हूँ, ब्रयान एंडरसन|"

एक पूरी कहावत है "जो जाता है वह लौट कर आता है|"

आप ख़ास हैं!

सोचिये कितने कमाल, अनोखे और अचम्भे की बात है कि आप आप हैं! दुनिया के संकलन से जितने भी लोग यहाँ आए उनमे से कोई भी आपके जैसा नहीं है!

ना कोई आपके जैसा अब तक आया, ना कभी आएगा| आपका कौशल, गुण, आपका चेहरा-मोहरा, दोस्त, जान पहचान के लोग, बोझ, दुःख और मौके सब मिल कर बस आप हैं|

किसी के बाल बिलकुल आपकी तरह नहीं बढ़ते| किसी की उँगलियों के निशाँ बिलकुल आपके जैसे नहीं हैं| किसी के अंदरूनी मज़ाक और परिवार के भाव बिलकुल उसी संयोग के नहीं है जैसे आपके हैं|

वो कुछ लोग जो आपके जैसी ही चीज़ों पर हँसते हैं, वो आपके जैसे छींकते नहीं हैं| और कोई प्रार्थना में बिलकुल आपकी जैसी चीज़ें नहीं माँगता| और कोई नहीं है जिन्हें वही सब लोग प्यार करते हों जो आपको करते हैं–कोई नहीं!

ना कोई पहले, ना कोई आने वाले वक़्त में| आप बिलकुल अनोखे हैं!

इस अनोखेपन का आनंद लीजिये| आपको किसी और की तरह बनने के लिए मुखौटा पहनने की ज़रूरत नहीं है| आपको किसी और की तरह बनना ही नहीं है| आपको अपने उन हिस्सों को छुपाने की ज़रूरत नहीं है जो आपको लगता है दूसरों से मेल नहीं खाते|

आपको अलग ही होना था| इतिहास में कहीं पर भी किसी के भी दिमाग, आत्मा और मन में वही चीज़ें नहीं दौड़ी होंगी जैसी आज इस वक़्त आपके दिमाग में दौड़ रही हैं|

अगर आपका अस्तित्व होता ही नहीं, तो संरचना में एक आभाव होता, मानवता के प्लान में कोई कमी रह जाती|

अपने अनोखेपन का रस लीजिये| ये तोहफा सिर्फ आपके पास है| इसका आनंद लें और इसे बाँटें!

और कोई लोगों से उस तरह से नहीं मिलता जैसे आप मिलते हैं| कोई और आपके शब्द नहीं बोलता| और कोई आपकी बता का मतलब आपकी तरह नहीं समझा सकता| और कोई आप्के आराम की तरह आराम नहीं दे सकता| और कोई आपकी तरह दुसरे जने को वैसे नहीं समझ सकता|

और कोई आपकी तरह खुशमिजाज़ और जिंदादिल नहीं हो सकता। और कोई आपकी तरह मुस्कुराता नहीं है। और कोई आपकी तरह दूसरों पर वो प्रभाव नहीं छोड़ सकता।

अपने अनोखेपन को बाँटिये। इसे अपने दोस्तों और परिवार और अपने मिलनेवालों और जहाँ भी आप रहते हैं उनके बीच से होकर गुजरने दें। आपको आप होने का ये तोहफा मिला है ताकि आप इसका आनंद ले सकें और इसे औरों के साथ बाँट सकें। ख़ुद को लोगों में बाँट दीजिये!

देखिये! ग्रहण करिए! इसे आपको गुदगुदाने दीजिये! इसे आपको जानकारी देने दें, टल्ले मारने दें और आपको प्रोत्साहित करने दें! आप ख़ास हैं!

आप ज़िन्दगी का सामना कैसे करते हैं उससे फ़र्क पड़ता है

एक दिन सारे कर्मचारी दफ्तर पहुंचे तो दरवाज़े पर एक बड़ी सी सलाह चिपकी हुई थी जिसमे लिखा था:

अब तक जो आदमी इस कंपनी में आपकी तरक्की को रोके हुए था वह गुज़र चुका है| आप सब को उनके उठावने में आने के लिए न्योता दिया जाता है| उठावना उस कमरे में होगा जो जिम में बनाया गया है|

शुर में सब दुखी हो गए ये सोचकर कि उनका कोई साथी शायद नहीं रहा, मगर फिर वो उत्सुक होने लगे कि वो कौन था जो अपनी और अपनी कंपनी की तरक्की में अड़चन था|

जिम में इतना हंगामा था कि सिक्यूरिटी वालों को आकर कमरे में भीड़ को काबू करना पड़ा| जितने लोग ताबुत के पास जाते जाते उतना उत्साह बढ़ता जाता|

सबने सोचा: कौन है वो आदमी जो मेरी तरक्की में बाधक था? खैर, चलो मर गया!

एक-एक कर के उत्सुक कर्मचारी ताबुत के पास जाते जाते, और अन्दर देखते ही अवाक् रह जाते| वो ताबुत के पास खड़े रहे, अवाक् और खामोश, मानो किसी ने उनकी अंतरात्मा को छू दिया हो| ताबुत के अन्दर एक आईना था: जो अन्दर झाँकता, खुद को देखता|

आईने के बगल में लिखा था:

सिर्फ एक आदमी है जो तुम्हारी तरक्की पे रोक लगा सकता है: **वो तुम हो**| तुम खुद ही अपनी ज़िन्दगी को बदल सकते हो| तुम अकेले वो आदमी हो जो अपनी ख़ुशी, अपने एहसास और अपनी तरक्की को प्रभावित कर सकते हो| तुम खुद ही अपनी मदद कर सकते हो|

तुम्हारी ज़िन्दगी तुम्हारे बॉस, दोस्त, माता-पिता, साथी या कंपनी के बदलने से नहीं बदलती| तुम्हारी ज़िन्दगी बदलती है जब तुम बदलते हो, जब तुम अपने संकुचित आधारों से आगे निकलते हो, जब तुम ये समझते हो कि तुम्हारी ज़िन्दगी के लिए केवल तुम ज़िम्मेदार हो|

सबसे ख़ास रिश्ता जो तुम रख सकते हो, वो है तुम्हारा अपने आप से|

खुद को जांचो, देखो| परेशानियों, नामुमकिनों और हारों से डरो नहीं: एक विजेता बनो, खुद को और अपनी सच्चाई को तैयार करो|

ये दुनिया एक आईने की तरह है: ये तुम्हे वही दिखाती है जिसपर तुम विश्वास करते हो| ये दुनिया और तुम्हारी सच्चाई इस ताबुत में पड़े आईने की तरह है, जो हर किसी को उसकी ख़ुशी और तरक्की सोचने और बनाने की पूर्ण ऊर्जा की मौत दिखाती है|

आप ज़िन्दगी का सामना कैसे करते हैं उससे फ़र्क पड़ता है!

चार रानियों वाला राजा

एक बार एक रईस राजा था जिसकी चार रानियाँ थीं| वो अपनी चौथी रानी को सबसे ज्यादा प्यार करता था और उसे महंगे कपड़ों से लादे रहता और बेहतरीन खाना खिलाता था| वो उसे केवल सबसे अच्छा देता था|

वो अपनी तीसरी पत्नी से भी बहुत प्यार करता था और उसका आस-पास के राज्यों में बखान करता था| मगर उसे डर था कि वो एक दिन उसे किसी और के लिए छोड़ देगी|

वो अपनी तीसरी पत्नी से भी प्यार करता था| वो उसकी हमराज़ थी और उसके साथ हमेशा सहानुभूति, इज्ज़त और धैर्य से रहती थी| जब भी राजा को कोई परेशानी होती वह उसे बताता ताकि वह राजा को उस परेशानी का हल बता सके|

राजा की पहली पत्नी राजा की सबसे वफ़ादार थी और राज्य और उसकी दौलत बढ़ाने में बहुत मदद करती थी| मगर, वह अपनी पहली पत्नी से प्यार नहीं करता था| हालाँकि वह राजा

से बहुत प्यार करती थी मगर राजा उसकी तरफ देखता भी नहीं था|

एक बार राजा बीमार पड़ गया और उसे समझ आ गया कि उसके पास समय कम है| इसलिए उसने अपनी चौथी पत्नी से पूछा, “मैंने सबसे ज्यादा प्यार तुम्हे किया है, तुम्हे बेहतरीन चीज़ों से नवाज़ा है और तुम्हारा सबसे ज़्यादा ध्यान रखा है| अब जब मैं मरने वाला हूँ क्या तुम मेरा साथ देने के लिए मेरे साथ चलोगी?”

“बिलकुल नहीं!” चौथी पत्नी ने जवाब दिया और कमरे से बाहर चली गई|

उसकी बात राजा के दिल में छुरी जैसी चुभी|

दुखी राजा ने अपनी तीसरी पत्नी से पूछा, “मैंने सारी ज़िन्दगी तुमसे प्यार किया| अब जब मैं जा रहा हूँ क्या तुम मेरे साथ चलोगी?”

“नहीं!” तीसरी पत्नी ने जवाब दिया| “ज़िन्दगी बहुत अच्छी है! जब तुम मरोगे, मैं दुबारा शादी करुँगी!”

राजा का दिल बैठ गया और वह ठंडा पड़ गया|

उसने फिर दूसरी पत्नी से पूछा, “मैंने हमेशा ज़रूरत के वक़्त तुमसे मदद माँगी और तुमने भी हमेशा मेरा साथ दिया| जब मैं मरूँगा क्या तुम मेरा साथ देने मेरे साथ आओगी?”

“माफ़ करना, इस बार मैं तुम्हारी मदद नहीं कर सकती!” दूसरी पत्नी ने जवाब दिया| “ज़्यादा से ज़्यादा मैं तुम्हे तुम्हारी कब्र तक छोड़ सकती हूँ|”

उसका जवाब बिजली की तरह राजा को लगा और वो बेहद दुखी हो गया|

तभी एक आवाज़ आई: “मैं आपके साथ चलूंगी और जहाँ आप जायेंगे, वहाँ चलूंगी|”

राजा ने नज़र घुमाई तो उसकी पहली पत्नी खड़ी थी| वो बेहद कमज़ोर थी क्योंकि वो खाती नहीं थी| दुःख से भरकर राजा ने कहा, “जब मेरे पास मौका था तब मुझे तुम्हारा बेहतर ध्यान रखना चाहिए था!”

हमारी चौथी पत्नी हमारा शरीर है| हम चाहे इसे सजाने-धजाने में कितना भी दिल लगायें, मृत्यु के समय ये हमे छोड़ जायेगा|

हमारी तीसरी पत्नी हमारी संपत्ति, दर्जा और दौलत है| जब हम मरते हैं, ये औरों को मिल जाती है|

हमारी दूसरी पत्नी हमारा परिवार और मित्रगण हैं| चाहे वो कितना ही हमारे साथ हों, ज़्यादा से ज़्यादा वो हमारे साथ शमशान तक आ जायेंगे, पर उससे आगे नहीं|

हमारी पहली पत्नी हमारी आत्मा है, जो अक्सर दौलत, ताकत और अहंकार के लिए बेध्यान हो जाती है| मगर, हमारी आत्मा ही एक ऐसी है जो जहाँ हम जायेंगे वहाँ तक जाएगी| इसलिए इसे उपजाएँ, ताकतवर बनाएं और इसका आज से ही ध्यान रखें! येही दुनिया को आपका सबसे बड़ा तोहफा है|

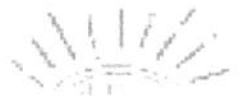

एक पोंड मक्खन

एक किसान था जिसने एक बेकर को एक पोंड मक्खन बेचा। एक दिन बेकर ने तय किया कि वो मक्खन तोल के देखेगा कि उसे एक पोंड मिल भी रहा है या नहीं और उसे पता चला कि उसे नहीं मिल रहा था। वो बहुत नाराज़ हो गया और किसान को कोर्ट ले गया। जज ने किसान से पूछा अगर वो किसी चीज़ से मक्खन नाप रहा था। किसान ने कहा, "मेरे मालिक, मैं पुराने समय का आदमी हूँ। मेरे पास कोई आधुनिक नाप नहीं है, पर नाप है।" जज ने पूछा, "फिर तुम कैसे तोलते हो?" किसान ने जवाब दिया, "मालिक, जबसे बेकर ने मुझसे मक्खन लेना शुरू किया है उससे बहुत पहले से मैं इससे एक पोंड ब्रेड खरीद रहा हूँ। हर रोज़ जब बेकर ब्रेड लाता है, मैं उसे वज़न पर रखता हूँ और उसे उतना ही मक्खन तोल कर दे देता हूँ। इसलिए अगर कोई दोषी है, तो वह बेकर है।"

कहानी का सबक क्या है? जो हम ज़िन्दगी में दूसरों को देते हैं वही हमें वापस मिलता है। जब भी आप कुछ करें, हमेशा खुद से ये सवाल करें: क्या मैं जो कमा रहा हूँ उस के अनुसार मैं

लोगों को सही वेतन और पैसा दे रहा हूँ? ईमानदारी और बेईमानी एक आदत बन जाती है। कुछ लोग बेईमानी से जीते हैं और सफ़ेद झूठ बोल सकते हैं। और कुछ इतना झूठ बोलते हैं कि उन्हें ही नहीं पता होता क्या सच है क्या नहीं। मगर वो किसे बेवकूफ बना रहे हैं? ख़ुद को।

अमारा और वो अजीब बूढी औरत

एक बार, बहुत पहले नहीं, एक गरीब अकेली औरत रहती थी जिसका नाम था, अमारा| सात साल - सात अच्छे साल - यूनिवर्सिटी की दीवारों के बीच चार साल तक डिग्री के लिए रहने के बाद; शिद्दत से नौकरी तलाशने के बाद भी, उसे कोई नौकरी नहीं मिली|

“नाइजीरिया कितना ख़राब देश है,” वो अकेले में सोचती और अपना सर एक तरफ से दूसरी तरफ धीरे-धीरे हिलाती, फिर कहती, “कैसा देश है ये? ना नौकरी, ना पति और ना पैसा| थक चुकी हूँ मैं|” रुक कर फिर कहती, “मगर मैं हार नहीं मानने वाली हूँ|”

अमारा एक बहुत अच्छी महिला है, शांत और कभीकभार शर्मीली| उसके कई दोस्त हैं जो उसे जैसी ही परिस्तिथि में हैं| नाइजीरिया की परेशानियां उसके चेहरे पर झुर्रियां छोड़ना चाहती हैं मगर कामयाब नहीं हो पाई हैं, क्योंकि वो हर दुःख के बावजूद भी खुश रह लेती है|

इसलिए एक दिन, उसे एक कंपनी जहाँ उसने नौकरी के लिए आवेदन दिया था, वहाँ से जवाब आया और उसे इंटरव्यू के लिए बुलाया गया| वो बहुत खुश थी क्योंकि इतने सालों में उसने जहाँ-जहाँ भी नौकरी के लिए आवेदन दिया था, ये अवसर - आई सी टी अफ़सर - वो था जिसके लिए वह सबसे उपयुक्त थी|

इंटरव्यू की सुबह वह उत्साह से भरी जल्दी निकल गई| जब वह बस स्टॉप पहुंची, वहाँ कोई बसें नहीं थीं|

"हे भगवान्," अमारा ने निराशा से बुदबुदाया और कहा, "मैं कैसे 9 बजे से पहले इंटरव्यू के लिए पहुंचूंगी? भगवान्, कृपया मेरी मदद करें|"

यह उसके लिए दुखद था| उसे एक घंटे इंतज़ार करना पड़ा तब कहीं उसे बस मिली| आखिरकार, उसे तसल्ली का मिठास भरा एहसास हुआ जब बस अपने गंतव्य की और निकल पड़ी, हालाँकि रास्ता ट्रैफिक से जगह-जगह बंद था| दुर्भाग्य से, उसका ये मीठा एहसास जल्द ही शांत हो गया जब बस हिचकोले खाने लगी, इंजन से कुछ गडगडाहट हुई और बस बंद पड़ गई|

"ओह, मेरे साथ ही ऐसा क्यों हो रहा है?" उसने परेशान होकर बुदबुदाया और चुपचाप बस से उतर गई, बाकि जनता अपने बकाया पैसों के लिए लड़ रही थी| किस्मत से, उसका गंतव्य

इतना दूर नहीं था, तो वह जल्दी-जल्दी चल कर समय से वहाँ पहुँचने की कोशिश करने लगी|

आख़िरकार, अमारा उस सडक पर पहुंची - एक भीड़भाड़ वाली सड़क - जहाँ पर वो कंपनी थी| जब वह सड़क क्रॉस कर के उस पार जा रही थी उसे एक अजीब महिला मिली, जो तैयार तो अच्छे से थी मगर बीमार लग रही थी|

“हेल्लो! क्या आप प्लीज सड़क पार करने में मेरी मदद कर देंगी? मेरी तबियत कुछ ठीक नहीं लग रही है,” उस बुज़ुर्ग महिला ने हकलाते हुए कहा| अमारा ने एक क्षण रुक कर उनकी दरख्वास्त पर गौर किया|

“हे भगवान्, आज ही यह सब मेरे साथ क्यों हो रहा है; मैं इस तरह इंटरव्यू में कैसे पहुंचूंगी? मैं पहले ही 30 मिनट लेट हूँ|” उसने मन ही मन खुद से ही सवाल किये और फिर उस बुज़ुर्ग महिला की मदद करने में लग गई| जब वह उन्हें साथ दे कर सड़क पार करने में उनकी मदद कर रही थी तो बुज़ुर्ग महिला ने अपने विदेशी भाव में कहा, “कृपया मुझे यहाँ मत छोड़िये| मेरे डॉक्टर ने मुझे हर रोज़ पैदल चलने को कहा है ताकि मेरा स्वास्थ्य ठीक रह सके|

अमारा अब और नहीं झेल सकती थी| वो यहाँ एक बुज़ुर्ग महिला के साथ टहलने के लिए नहीं आई थी; उसे एक इंटरव्यू में

पहुंचना था| जैसे ही वह अपनी परेशानी उस महिला से कहना चाहती थी, उन्होंने उसके कंधे पर हाथ रखा और कहा, "चिंता मत करो, मेरे बच्चे, सब ठीक हो जायेगा|"

अमारा इन शब्दों से पिघल गई और बुज़ुर्ग महिला के साथ टहलने के लिए तैयार हो गई| उन्होंने बात करते-करते आगे तक सैर करी, और फिर उसी रास्ते वापस आ गए| अमारा हैरान रह गई जब महिला उसे उसी कंपनी में ले गईं जहाँ उसका इंटरव्यू था|

जब वे बिल्डिंग में दाखिल होने लगे तो बुज़ुर्ग महिला ने अपनी मीठी आवाज़ में कहा, "माफ़ करना अमारा, आज जो सब तुम्हारे साथ हुआ उसके लिए: बस स्टॉप पर जो हुआ उसके लिए; बस के ख़राब हो जाने के लिए; और तुम्हे इंटरव्यू के लिए देर कराने के लिए" अमारा स्तब्ध थी|

वह मन ही मन सोचने लगी, "ये कैसे मेरे साथ आज जो सब हुआ उसके बारे में जानती हैं?"

बुज़ुर्ग महिला ने अपने मीठे स्वर में आगे कहा, "देखो बेटा, कोई भी दर्द जो हम सहते हैं, कुछ भी तकलीफ जो हम पर आती है वो व्यर्थ नहीं जाती| ये हमारी जानकारी बढ़ाते हैं और हममें धैर्य, श्रद्धा, दृढ़ता, सहनशक्ति और विनम्रता जगाते हैं| जिस सब से हम हो कर गुज़रते हैं, जो सब हम सहते हैं, खासतौर

पर जब हम संयम से काम लेते हैं, हमारा चरित्र बनता है, हमारा दिल साफ़ होता है, हमारी आत्मा बढ़ती है और हम और भी संवेदनशील और परोपकारी बनते हैं| ज़िन्दगी व्यंग से भरी हुई है: क्योंकि आनंद के लिए हमे दर्द झेलना पड़ता है; ख़ुशी जानने के लिए दुःख देखना पड़ता है, शान्ति के लिए जंग को जानना पड़ता है; और प्यार को जानने के लिए नफ़रत को जानना पड़ता है| याद रखना मेरे बच्चे, संयम कड़वा लगता है मगर उसका फल मीठा होता है"

उनका बेटा तेज़ क़दमों से चल कर उनके पास आया और बोला, "माँ, कहाँ चली गईं थीं? हम आपको ढूंढ रहे थे|"

बुज़ुर्ग महिला ने उत्साह से कहा, "ओह, मेरे बेटे, मेरी फ़िक्र मत करो; मैं बस इस लड़की के साथ टहलने गई थी| ये बहुत प्यारी है," और कहकर उन्होंने अमारा की और रुख किया और कहा, " अमारा, मेरे बेटे से मिलो - ये इस कंपनी का अध्यक्ष है| बहुत मेहनती और कुंवारा है|" अपने बेटे को देख कर उन्होंने कहा, "अमारा से मिलो - वो लड़की जिसके बारे में मैंने तुमसे कहा था - हमारी नहीं निजी मैनेजर|"

"ओह, वाह! बहुत शुक्रिया, माँ" अमारा ख़ुशी से चहक उठी| वो यहाँ पर आई सी टी अफसर की पोस्ट के लिए आई थी मगर अब उसे उससे कहीं ज़्यादा मिल रहा था| उसकी नज़रें ख़ुशी से

चमक रही थीं| उसने उस बुज़ुर्ग महिला का तहे-दिल से शुक्रिया अदा किया और फिर वह उसे अपने बेटे के साथ जान-पहचान करने के लिए छोड़ कर चली गईं|

“मेरी माँ काफी अजीब हैं,” बेटे ने बिल्डिंग के अन्दर चलते-चलते बातचीत करते हुए कहा|

उसकी बात सुन कर अमारा को इन बुज़ुर्ग महिला के बारे में अपने सवालों के जवाब मिल गए और उसे याद आया कि उनके बेटे के आने से पहले उन्होंने क्या कहा था|

“याद रखना मेरे बच्चे, भगवान् तुम्हे उतना ही दुःख देंगे जितना वे जानते हैं तुम सह सकते हो, मगर इसके साथ ही, वे तुम्हे निकलने का रास्ता भी बताएँगे| वे विश्वसनीय हैं और हमेशा तुमसे प्यार करेंगे|”

प्रस्तावना

हर किसी को कभी न कभी बुरे दौर से गुज़ारना पड़ता है| अब आप बजाय इन्टरनेट पर प्रेरणादायक कहानियाँ ढूंढने या अपने ग़मों को जीतने के लिए बेकार के यत्न करने की जगह इन प्रेरक कहानियों को पढ़ें| मैंने कोशिश की है सच्ची और काल्पनिक, दोनों तरह की सबसे बेहतरीन लघु कथाएं इकट्ठी करी हैं, ताकि आप अपने दुखों से निकल कर मुस्कुरा सकें और प्रेरित हो सकें|

जब भी ज़िन्दगी आपको दुःख दे, इन प्रेरणादायक लघु कहानियों को पढ़ें| इन्हें पढ़ना ना सिर्फ आत्मा के लिए भोजन समान है बल्कि यह आपको कुछ नया करने या सुझाने में सहायक हो सकती हैं आपको बेहतर बनाने के लिए|

पढ़िए और मुस्कुराने के लिए तैयार हो जाइये|

सोनू शर्मा

मास्टर कहानी कथक